동일본대지진과 핵재난 — 와세다 리포트 9

신문은 대지진을 바르게 전달했는가

학생들의 신문지면 분석

하나다 다쓰로 · 하나다 연구실 편저
花田達朗
김유영 옮김

고려대학교출판부
KOREA UNIVERSITY PRESS

新聞は大震災を正しく伝えたか: 学生たちの紙面分析
花田達朗 編著

머리말

2011년 3월 11일 오후 2시 46분, 나는 도쿄의 집에 있었다. 긴 진동을 느끼고 TV를 켜자, 쓰나미 경보라는 글자가 선명했다. 장차 무엇이 일어날지 그때는 예상조차 할 수 없었다.

나토리강名取川을 거슬러 올라가는 쓰나미, 떠내려가는 자동차, 저녁 무렵 거리의 곳곳에 화재의 불꽃이 아른대는 게센누마 시気仙沼市의 영상이 흘러갔다. 지금까지 본 적도 없는 영상은 나의 상상을 초월하는 것이었다. 그렇지만, 이와 같은 영상을 보아도 알 수 없는 것이 있었다. 그것은 단순히 '파멸'이라는 말로는 표현할 수 없는 것이다. 과연 지상에서 무슨 일이 일어나고 있는가. 재난을 모면한 사람들은 어떤 상황에 놓여 있는가. 도쿄에 있는 나는 이 모든 것을 금세 파악할 수는 없었다.

1개월 후, 나는 연구소의 친구와 도호쿠東北에 있었다. 비교적 피해가 적었던 미야기현宮城県 마쓰시마초松島町에서 자동차로 히가시마쓰시마 시東松島市로 향했다. 언덕을 넘자, 눈앞의 광경이 180도 달라졌다. 그곳에는 응당 있어야만 할 마을이 없었다. '아무것도 없다'고 순간 생각했다. 그렇지만 그와 동시에 기반만 남아 있는 가옥과 가득 쌓아 올린 쓰레기와 파편 더미는 사람들의 생활이 이곳에 있었다는 것, 그리고 사람들이 살아 왔던 증거라고 하는 무게감을 느낄 수 있었다. 이번의 재난에는 원자력발전소 사고도 함께 일어났다. 후쿠시마현福島県 가쓰라오무라葛尾村에서 소를 사육하던 분과 만날 수 있었다. 원자력발전소라는 큰 힘에 대항하는 한 남자의 모습이 그곳에 있었다.

재해 발생 후, 많은 대학생이 자원봉사를 위해 도호쿠로 향했다. 이들은 야간 버스로 재난지역으로 들어가 진흙을 청소하거나, 어린이들과 놀아주는 등 다양한 형태로 도움을 주고자 했다. 지금도 활동을 계속하고 있는 학생도 있다. '나도 무언가 하고 싶다!'라고 하는 생각이 이 책의 집필로 이어졌다. 책을 출판한다고 해도 그것이 재해지역의 이재민들에게 직접적인 지원으로 이어지는 것은 아니다. 그렇지만 이를 통해 나 자신도 재해를 정면으로 마주할 수 있다고 생각했다.

신문을 분석하면서 우선 들었던 생각은, 신문은 지면이 한정되어 있다는 당연한 사실이었다. 피해나 사회에 대한 영향의 경중이 정보의 양을 어느 정도 결정한다. 하지만, 피해는 다르지만, 개인의 고뇌는 비교의 대상이라고 볼 수 없다. 서로 다양한 생각을 갖고 있으며, 모두가 같이 괴로워하고 있다. 그렇지만, 이 모든 것을 전달할 수는 없다. 현장에 있었던 많은 기자들도 괴로워하고 있었을 것이라 생각된다. 한편, 신문사의 고민도 엿볼 수 있었다. 대지진이 발생한 후, 신문에는 많은 이재민의 '목소리'가 실려 있었다. 분명히 모든 목소리를 전달하는 것은 불가능하지만, 신문사는 작은 목소리라도 전달하고자 하는 자세를 보였다.

이 책은 와세다대학 교육학부 사회과 사회학전공의 하나다 다쓰로花田達郎 선생님의 연구실에서 집필한 것으로, 지진 발생 후 '동일본대지진 신문지면 조사 프로젝트'로서 신문지면을 분석하고, 재해지역에서 합숙을 하면서, 거기에 더해 신문사의 편집 책임자에 대한 취재를 통해 출판된 것이다. 그리고 이들 조사는 아사히朝日, 마이니치每日, 요미우리読売 등 전국지 3개 신문사와 미야기현에 본사를 두고 있는 블록신문〔block newspaper. 지방지 중에서 몇몇 현에 걸쳐 신문을 발행하는 신문을 가리킴—옮긴이〕인 가호쿠신보河北新報를 대상으로 했다.

재해는 결코 과거의 것이 아니다. 지금도 계속되고 있는 문제라고 할 수 있다. 재해를 생각하는 것은, 지금부터의 사회를 우리들의 세대가 어떻게 구축해 나갈 것인가를 생각하는 것이다. 그 크기를 가늠할 수 없는 큰 과제가 우리들에게 던져졌다. 이 책이 다양한 각도에서 재해를 생각하는 하나의 실마리가 될 수 있을 것이라고 생각한다.

2012년 3월

와세다대학 교육학부 사회과 사회과학전공
하나다花田 연구실 연구실장
로쿠다 유이치六田悠一

차례

제3부 네 장소

프로젝트 멤버와 편집후기

가시와기 도시히로柏樹利弘
매일같이 연구실을 드나들며, 동료들과 의논했다. 지금은 하나의 긴 여행을 끝낸 것 같이 감개무량하다.

마에하라 다쓰야前原達也
신문을 수치 데이터로 파악한다. 이는 전례가 없으며, 어찌할 바를 몰랐던 도전이었다. 어려움이 있었기에 새로운 신문상을 그려 낼 수 있었다고 믿는다.

린 이센林 怡
재해지역 지원과 이재민 구호 안에 존재하는 불균형 문제. 그리고 전 세계적으로 퍼져만 가고 있는 온도차. 이러한 과제를 파헤쳐 관심을 환기하는 보도의 힘을 기대하고 싶다.

시노하라 노리히코篠原紀彦
신문지면 조사를 위해 연구실과 도서관을 매일같이 드나들었던 나날들. 그러한 나날들 속에서도 지금이 아니면 불가능했을 귀중한 체험을 했다고 실감한다.

가타오카 고타片岡弘太
연구실의 작업은 이것으로 끝났다. 하지만, 재해와의 정면승부는 이제부터다. 책은 그 계기에 지나지 않는다.

데자와 고스케出津 介
전기 소비자로서의 자각을 갖는 것이, 원자력발전소 사고를 미연에 방지하는 가장 좋은 방법이 된다. 집필을 끝낸 지금, 이 점을 그 무엇보다 강하게 느낀다.

히라이 도시카즈平井紀一
방대한 양의 신문을 찾아 돌아다녔던 것 그리고 재해지역을 직접 찾았던 것을 통해 귀중한 만남을 얻을 수 있었다. 이 기회를 부여해 준 모든 분들에게 감사드린다.

하쓰미 란타蓮見嵐太
그날 이후, 여러 가지 것들을 생각하고 있었으나, 지금에서야 그러한 것들이 조금이나마 하나의 형태로 모양새가 갖추어졌다고 생각한다.

로쿠다 유이치六田悠一
연구생들 사이에서 많은 논쟁이 있었으며, 선생님은 그러한 모습을 즐겁게 바라보고 있었을지도 모른다. 연구생들이 연구실을 점거했던 일 년이 이제 끝났다.

닛타 오사무新田 修
비판에는 '용기를 가질 것' 그리고 '깊이 생각할 것'이 요구된다. 이 두 가지를 가슴에 품고, 이제부터 계속해서 사회를 바라보고자 한다.

보쿠 데쓰히로朴 哲宏
사건 상대할 때 소중한 것은 자신의 생각만을 견지하는 것이 아니다. 닫힌 인식의 벽을 여는 것이 저널리즘이라고 하는 것을 이 프로젝트를 통해 배울 수 있었다.

쓰이히지 마리築比地 理
한 학년 아래 학생으로서 늦게나마 참가하게 된 이 프로젝트에서, 돌연 건네진 면적조사용 신문과 자와 엑셀 데이터. 아무것도 몰라 우왕좌왕했었던 그때가 떠오른다.

하나다 다쓰로花田達朗
연구실을 프로젝트를 위해 개방했다. 금세 연구실은 작업과 의논의 공방이 되었다. 좁은 연구실이 넓은 방목장과도 같이 보이기도 했다. 자유야말로 사람의 힘을 이끌어낸다.

제1부 실증적 시점

제 1 장

전국지가 본 지진, 지방지가 본 지진
—기사 면적 분석은 무엇을 알려주는가?

지진 직후의 각 신문의 표제
(로쿠다 유이치 촬영)

가시와기 도시히로柏樹利弘
마에하라 다쓰야前原達也

1 들어가며—분석 방법

2011년 3월 11일에 발생한 동일본대지진. 이 미증유의 대지진을 각 신문들은 어떻게 보도했을까. 구독자로서 지진보도를 매일 접하면서 몇 가지 의문을 품게 되었다. 예를 들면 지진보도 자체가 시간이 지나면서 줄어든다는 인상을 지울 수 없었다. 지진보도가 지면 전체를 차지하는 비율이 어떻게 변해 갔던 것일까. 또한 도쿄에 본사를 두고, 일본 전국에 독자가 있는 전국지와, 지진의 직접 피해를 받은 도호쿠의 지방지는 지진보도에 차이가 보이는가.

이러한 점을 해명하려면, 무엇보다도 인상론을 배제한 통계자료가 필수불가결하다. 이를 위해 3월 12일부터 4월 11일까지 한 달 치의 전국지(아사히朝日, 마이니치朝日, 요미우리読売신문)와, 본사를 센다이 시仙台市에 두고 미야기현宮城県을 비롯해 도호쿠 지방을 기반으로 하는 블록신문, 가호쿠신보河北新報의 전 지면 조사를 실시하였다. 모든 지면 조사에는, 기사 하나하나가 무엇을 보도하고 있는가에 관하여 범주별로 분류를 행하였다. 다음에는 분류 및 조사 방법에 대하여 상세히 서술한다.

분류

우선 기사에 눈을 돌려 '지진에 따른 피해'를 주로 취급한 기사의 경우는 '지진'이란 범주로 분류하였고, '쓰나미에 의한 피해' 기사의 경우는 '쓰나미'로 하였다. '도쿄전력 후쿠시마福島 제1원자력발전소 사고' 기사는 '원전', 방사능 오염에 관해서는 '오염'으로 분류하였다. 또한 도쿄전력 관내에서 실시된 계획정전에 관한 기사는 '원전' 범주에 포함하였다. 기본적으로 이 4가지로 분류하였으나 기사 내용이 두 개 이상의 범주를 포함하고 있는 경우는 그대로 두 개 이상으로 분류 하였다. 예를 들어 문장의 내용 중 지진피해와 쓰나미 피해, 양쪽을 취급했던 기사는 '지진, 쓰나미'로 하였다. 또한 지진 관계 기사라는 것은 확실하지만 이 4가지 범주에 명확히 해당되지 않는 기사는 '지진, 쓰나미, 원전, 오염'으로 하였다. 예를 들면 지진에 의해 일어난 '자숙 분위기'를 취급한 기사나, 각지의 피해상황이나 피난 정보, 많은 신문에 게재된 '사망자들'의 정보, 저명인사의 원조활동을 전하는 기사도 여기에 포함하였다.

직접 동일본대지진과 관련되었다고 볼 수 없는 경우는 '그 외'라는 범주로 분류하였다. 예를 들어 지진이 있었던 3월에는 리비아에

서 정부군과 반정부군의 격렬한 내전이 일어났다. 또한 7월에는 여자 축구 일본대표 '나데시코 저팬'(なでしこジャパン. 일본의 여자축구 대표팀의 별칭—옮긴이)이 월드컵에서 우승하였다. 그 외의 사건, 사고, 일기예보, 바둑, 센류川柳(문학 장르 중 하나로, 5·7·5의 3구 17음으로 된 단시短詩. 보통 구어口語를 사용하고 있으며, 세태 풍속과 사람에 인생에 관해 익살스럽게 묘사하는 내용을 담고 있다—옮긴이) 등, 지진과 직접적인 관계가 없는 기사는 전부 '그 외'라는 범주로 분류하였다. 또한 지면에 포함되어 있는 광고에 관해서는 '광고' 범주를 만들어 분류하였다. 이를 통해, 광고 면적이 지진 후 얼마나 변하였는가가 확실해졌다. 따라서 '지진'으로 분류된 기사가 그 신문지면 내에서 어느 정도의 비율을 차지하고 있는가를 산출하고자 할 때에는 광고 범주를 제외함으로써 알 수 있다. 그리고 지진으로 사망한 사람들을 포함한 '부고'도 이 광고 범주로 분류하였다.

기사 면적 분석

이번 조사의 큰 특징은 '기사의 면적'을 측정했다는 것이다. 각 기사의 면적을 측정, 어떤 기사에 얼마만큼의 면적이 할애되어 보도되었는가를 조사하기 위함이다. 지면에 따른 뉴스의 중요성은, 그 기사가 지면을 차지하는 면적의 비율에 따라서 파악할 수 있을 것이라는 가정하에 이번 조사를 실행하였다. 이런 방법으로 기사 면적의 총계를 냄으로써, 전국 각지에서 보도한 신문기사의 범주별 총합을 계산할 수 있었다. 또한 신문 1면 면적은 전국 신문 3개 및 가호쿠신보의 대략적인 평균치인 1,950cm^2로 설정하였다. 이와 같은 방법으로 데이터베이스를 완성하였다. 본 장에서는 이 데이터를 기반으로 '기사 면적'의 관점에서 지진보도를 분석해 가고자 한다.

2 '일관된' 형태를 보였던 원자력발전소 관련 보도

이번 지진에 의해 일어난 도쿄전력 후쿠시마 제1원자력발전소 사고는, 지진이 일어나고 1년이 경과한 현재에도 수습의 완전한 끝은 보이지 않고 있다. 사고에 따른 방사능 오염의 문제는 일본 각지에 영향을 미쳤다. 후쿠시마 제1원자력발전소에서 직선거리로 약 220km 떨어진 도쿄 및 수도권도 예외는 아니다. 소위 '핫 스폿'의 문제나 각지의 방사선량의 수치 등, 원자력발전소 사고나 방사능 오염 관련 기사는 지금까지도 전국지에서 보도되고 있다. 지진 발생으로부터 1달간, 후쿠시마 제1원자력발전소의 사고 및 방사능 확산에 따른 오염 문제를, 각 신문은 어느 정도의 면적을 할애하여 보도하였을까.

앞에서 말한 지면조사에서 나타난 전국 3개 신문의 '원전', '오염'의 기사 면적 비율은 1개월간에 걸쳐 모든 지진 관련 기사('지진', '쓰나미', '원전', '오염' 분류를 포함한 모든 기사) 중 아사히신문이 33%, 마이니치신문이 35%, 요미우리신문이 31%였다(그림 1). 3개의 신문 중 원자력발전소 사고나 방사능오염을 보도한 기사의 비율은 커다란 차이를 보이지 않았다. 나중에 언급하겠지만, 요미우리신문은 지진 직후인 3월 13일 시점에서 지진 관련 기사 중 '원전',

그림 1 1개월간의 지진 관련 기사에 따른 각 신문사의 기사 비율

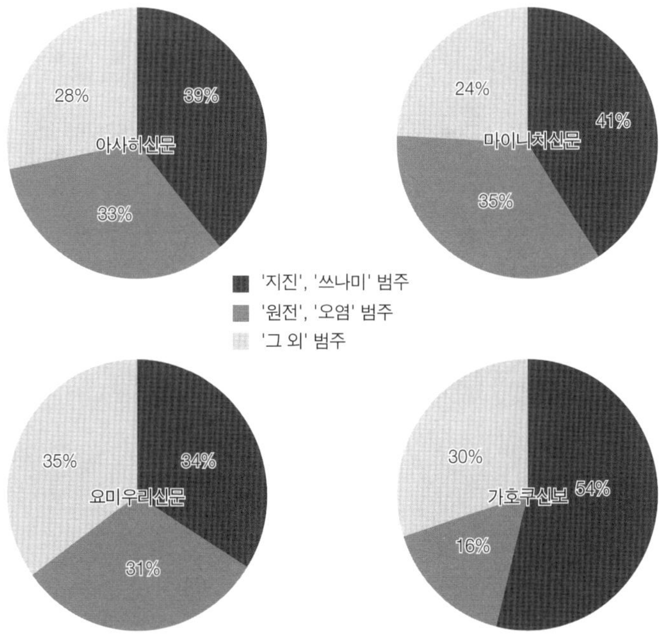

'오염' 기사의 비율이 28%를 차지하였으며, '지진', '쓰나미' 기사는 27%로서 거의 같은 정도의 양을 지면에 할애하고 있다. 아사히신문, 마이니치신문이 '원전', '오염' 기사를 '지진', '쓰나미' 기사와 비슷한 비율로 보도하기 시작한 것이 14·15일이었기 때문에, 기사 면적이라는 점에서 보면 요미우리신문이 먼저 원자력발전소 사고나 방사능 오염에 관한 보도에 주력했다고 생각된다. 하지만 1개월간의 수치를 종합해 보면, 한 신문사가 눈에 띄게 원자력발전소 및 오염문제를 보도한 사실은 없었으며, 각 신문사들이 거의 같은 비율

그림 2-1 지진 관련 기사에 따른 '지진', '쓰나미' 기사와 '원전', '오염' 기사의 비율 추이—전국지 3개 신문 평균

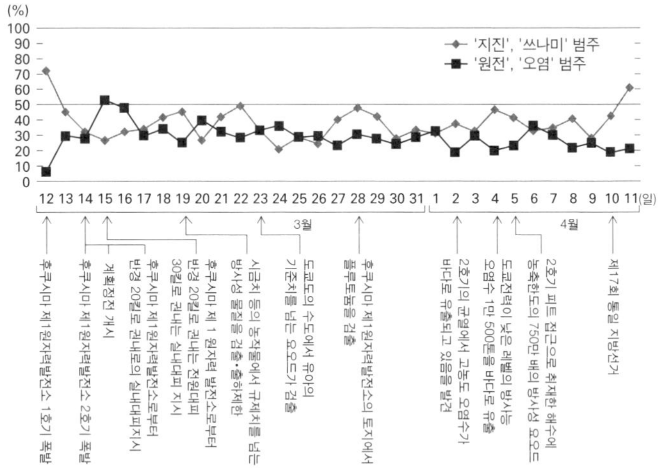

로 분배하여 보도를 하였다.

그러나 가호쿠신보만은 큰 차이를 보인다. 1개월간의 지진 관련 기사 중, '원전', '오염' 기사의 비율은 16%밖에 되지 않고 나머지는 전부 '지진', '쓰나미' 기사가 차지하고 있었다(그림 1). 지진 관련 기사에서 '원전', '오염' 범주 기사의 비율이 하루 정도 높았지만 3월 16일에 30%를 정점으로 이후는 거의 높아지는 일이 없었다. 즉, 가호쿠신보에서는 '지진', '쓰나미' 기사의 비율이 항상 우위를 차지하고 있었다.

그림 2-2 지진 관련 기사에서 '지진', '쓰나미' 기사와 '원전', '오염' 기사의 추이—전국지 3개 신문 평균

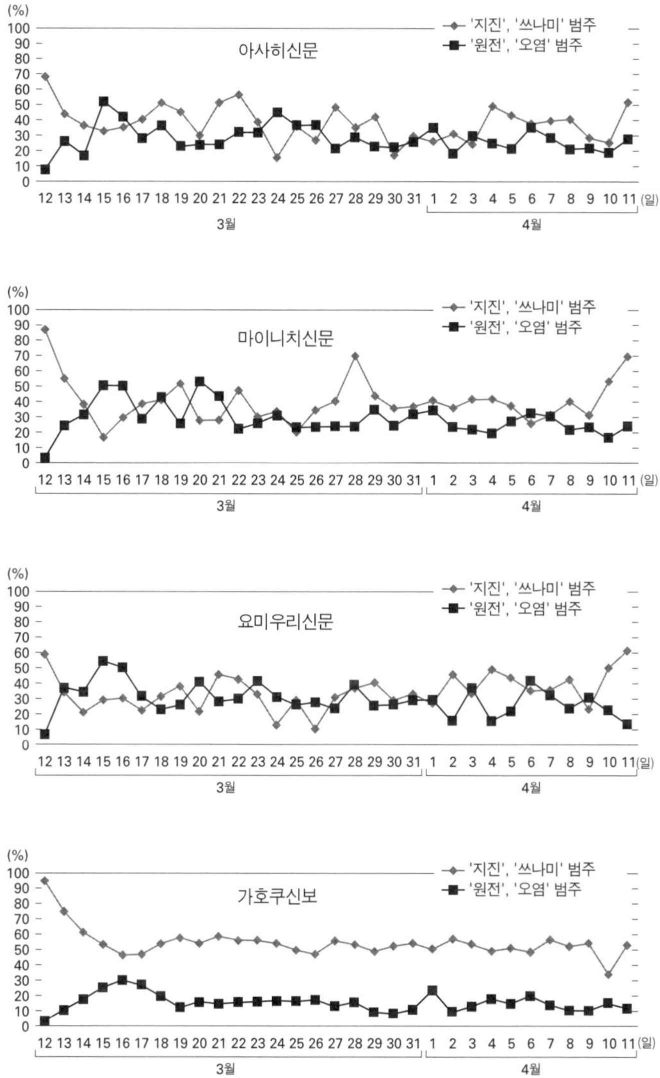

3 사라져 가는 쓰나미 보도

다음으로 '지진', '쓰나미' 기사를 보자. 먼저 일어난 지진은 매그니튜드 9.0, 쓰나미의 높이는 20m 이상을 기록한 곳도 있다. 역사상 보기 드문 규모의 지진이었다. 이로 인한 사망자는 1만 5,000명 이상에 달한다. 심각한 지진 피해와 쓰나미에 의한 연안부의 파괴로 인해, 각 신문들은 지진 직후, 지면의 대부분을 지진 및 쓰나미의 피해에 관한 보도에 할애했다. 지진 다음 날인 3월 12일의 모든 지면 중 지진에 관한 보도 비율은 다음과 같다. 아사히신문은 '지진', '쓰나미'의 비율이 46.4%, 마이니치신문이 37.6%, 요미우리신문은 45%였다. 가호쿠신보는 76%였다. 이것은 3월 12일의 지면이 '지진', '쓰나미'의 2가지의 범주만을 위한 것이었기 때문에 3개의 신문에서는 절반에 가까운 면적을, 가호쿠신보에서는 80%에 가까운 면적을 할애하였다. 이 수치의 분모에는 '그 외'나 '광고'도 포함되어 있기 때문에 이 비율이 얼마나 컸는가를 잘 알 수 있다.

하지만 1개월간의 전국지 3개의 신문에서 전 지면의 '지진', '쓰나미' 기사 비율은 평균적으로 약 38%에 머물렀다. 이것은 시간이 지나면서 '원전', '오염' 기사의 비율이 증가하면서 '지진', '쓰나미' 기사의 비율이 밀려난 것이라고 볼 수 있다. 가호쿠신보에서는 반대로 1개월간의 지진 관련 기사에서 '지진', '쓰나미' 기사가 54%로 과반을 차지했다.

그렇다면 '지진', '쓰나미' 기사와 '원전', '오염' 기사의 양은 어떻게 변동한 것일까? 3월 12일부터 1개월간 지진 관련 기사에 따른

‘지진’, ‘쓰나미’ 비율의 경과를 ‘원전’, ‘오염’ 비율 경과와 비교하여 그래프로 만들어 보았다. 3개 신문의 평균을 내 본 결과, 3월 12일 후쿠시마 제1원자력발전소 1호기 폭발사고 발생 후부터 ‘지진’, ‘쓰나미’ 기사의 비율이 줄어들었고, ‘원전’, ‘오염’ 기사의 비율이 높아졌다. 3월 15일에는 처음으로 양쪽이 역전, 이후는 앞서거니 뒤서거니 하게 되었다. 여기에서 3개 신문의 하나하나를 더 자세히 살펴보면, 아사히, 마이니치, 요미우리신문이 차이점이 보이기 시작한다 (그림 2).

아사히신문은 지진 4일 후인 3월 15일에 ‘원전’, ‘오염’ 기사가 ‘지진’, ‘쓰나미’ 기사의 면적을 상회하기 시작하여, 마이니치신문과 같이 3월 16일까지 2일간 계속되었다. 이후 3월 23일까지는 ‘지진’, ‘쓰나미’ 기사가 훨씬 더 많았지만 그 뒤로는 비율이 비슷해졌다.

마이니치신문은 아사히신문처럼 지진 발생 4일 후인 3월 15일에는 ‘원전’, ‘오염’ 기사가 ‘지진’, ‘쓰나미’ 기사의 면적을 상회하였다. 또한 아사히신문과 동일하게 3월 16일까지 2일간 이와 같은 현상이 계속되었다. 하지만 그 이후의 움직임은 아사히신문과는 달랐다. 마이니치신문의 경우 3월 28일부터 눈에 띄게 ‘지진’, ‘쓰나미’ 기사의 면적이 늘어났고 전체적으로도 ‘지진’, ‘쓰나미’의 기사 면적이 ‘원전’, ‘오염’ 기사 면적에 비하여 대부분 지속적으로 상회하였다.

요미우리신문은 지진 발생 2일 후인 3월 13일부터 다른 신문보다 빨리 ‘원전’, ‘오염’ 기사가 ‘지진’, ‘쓰나미’ 기사의 면적을 웃돌았다. 이는 3개 신문 중에서 가장 빨랐다. 그 후로도 3월 17일부터

5일간 '원전', '오염' 기사가 '지진', '쓰나미' 기사의 면적을 계속 상회했다. 그리고 3개 신문 중에서도 기사 게재일이 가장 길었다. 그 후에는 '지진', '쓰나미'와 '원전', '오염' 비율이 비슷해졌지만, 1개월간의 게재 수에서 '지진', '쓰나미' 기사 쪽이 많았다. 이것들을 보면, 요미우리신문은 후쿠시마 제1원자력발전소 사고 후 '원전', '오염' 기사에 많은 지면을 할애하였고, 다른 두 개의 신문과 비교했을 때 이와 같은 경향을 비교적 오랫동안 유지한 것이 특징이라고 할 수 있다.

한편으로, 가호쿠신보는 원자력발전소 사고가 발생했을 때는 위의 세 신문처럼 '지진', '쓰나미' 기사의 비율은 낮아지고 '원전', '오염' 기사의 비율이 매우 상승하였으나, 양쪽이 비슷한 비율이 되는 일은 없었다. 즉 1개월간 지속적으로 '지진', '쓰나미'를 취급한 기사의 비율이 '원전', '오염' 기사보다도 높은 상태를 유지했다. '쓰나미'가 해안을 덮친 1개월 후인 4월 11일 시점에서도 여전히 '지진', '쓰나미' 기사가 지진 관련 기사의 절반을 차지하였다. 원전 사고가 심각해지면서 3개 신문이 쓰나미 보도를 축소해 나가고 있는 와중에 가호쿠신보는 쓰나미 피해를 계속적으로 보도해 나갔다는 점에서 재경 신문과 지방 신문의 차이가 분명하게 나타난다.

4 '수명'이 짧아진 전국지

전국지 3개와 가호쿠신보의 차이는, 지진 관련 기사의 '수명'에서도

그림 3 전국지 3개 신문과 가호쿠신보의 지진 관련 기사의 '수명'

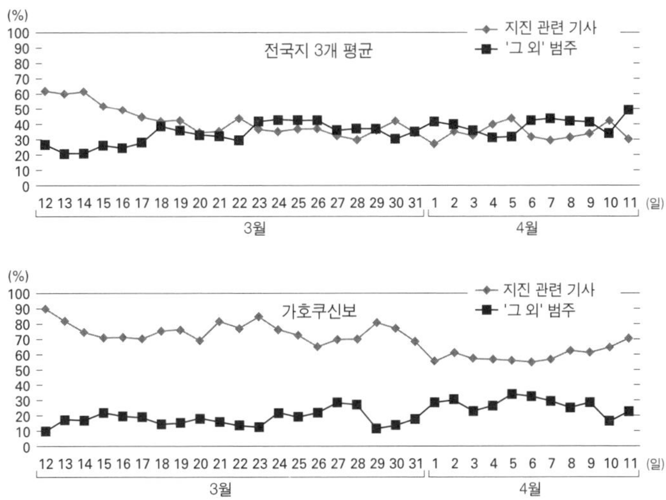

찾을 수 있다. 여기서 지진 관련 기사의 '수명'은, '그날의 지면에서 지진 관련 기사의 면적비율이, '그 외' 기사의 비율보다 처음으로 낮게 보도된 날짜까지의 기간'으로 정의한다. 전국지 3개 신문에서는 그 기간이 다음과 같다. 아사히신문과 요미우리신문이 3월 23일, 마이니치신문이 3월 18일이었으며, 평균치로 하면 3월 23일이 지진 관련 기사의 '수명'이었다. 그 후의 3개 신문의 평균치를 따져 보면, 4월 11일까지 네 번 정도 예외적인 날이 보였지만 그 이외는 전부 '그 외' 기사의 면적 비율이 상회하였다. 따라서 3월 23일이 전국지에 있어서 지진 관련 기사의 '수명'이었다고 말할 수 있다(그림 3).

가호쿠신보는 지진 관련 기사의 비율이 '그 외'를 항상 상회하였고, 조사를 행한 1달 동안 '수명'은 찾을 수 없었다. 3개 신문이 빠른 시기에 지진 관련 기사의 '수명'을 맞이한 데 비하여, 가호쿠신보는 장기간에 걸쳐서 지진 관련 기사를 중심으로 보도 태세를 이어갔다.

3개 신문의 3월 12일 지면은 대부분이 지진 관련 기사로 도배되어 있었다. 구체적으로는, 아사히신문이 68%, 마이니치신문이 43%, 요미우리신문이 75%였으며 시간이 지날수록 비율은 점차 낮아져 갔다. 3개 신문의 평균은 다음과 같다. 3월 12일은 지면의 62%를 지진 관련 기사가 차지했지만 이는 3월 23일에 '수명'을 맞이해, 결국 4월 11일에는 29%까지 낮아졌다. 한편 가호쿠신보는 90%로 시작하여 1개월 후에도 70%로, 상당히 높은 비율을 유지했다.

5 광고 면적의 변동

신문사가 신문제작으로 얻는 수입원은, 주로 구독료와 광고수입의 두 가지 측면이다. 특히 지면광고는 주목도도 높고, 높은 비용이 드는 신문제작의 '생명선'이라고 할 수 있을 만큼 필수불가결한 존재이다. 이런 의미로 지면에 게재되는 광고의 총량은 그 신문의 '체력'을 측정하는 하나의 지표로도 생각될 수 있다. 지진 직후의 신문을 둘러보면, 지면 광고의 양이 평상시에 비해서 많이 줄어들었다는 것을 느낄 수 있다. 그렇다면 실제 광고량은 어떻게 변동했을까. 〈그림 4〉는 각 신문의 지진 관련 기사와 광고의 총 면적의 변동

그림 4 지진 관련 기사 및 광고 면적의 추이

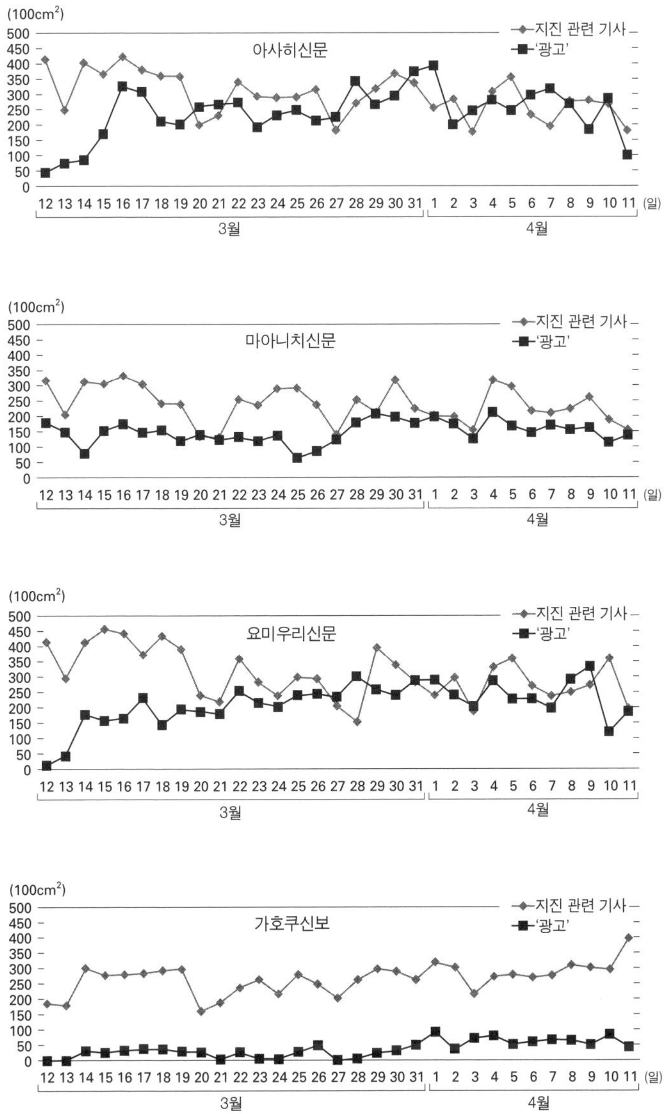

을 그래프로 나타낸 것이다. 3월 12일의 지면에는, 각각의 신문들의 광고 총 면적이 격감했다. 아사히, 요미우리 전부 지진 발생에서 1~3일 후까지 광고 게재가 적어졌고, 그 후 조심스럽게 증가해 갔다. 지진 관련 기사와 같은 양 정도까지 회복하는 데는 지진 이후 1주간 이상이 걸린 3월 19·20일이다.

그런데 이와 다른 추이를 보였던 것은 마이니치과 가호쿠신보이다. 마이니치의 지진 직후의 광고 감소는 다른 전국지 2개 신문과 비교했을 때 분명하게 적었다. 후쿠시마 제1원자력발전소의 1호기가 폭발했을 때 각 신문은 모두 원전 관련 기사를 적극적으로 게재했기 때문에 3월 14·15일에 우선 광고량이 줄어든 것이 확연히 보였지만, 그 후로 1개월간 광고는 평균 15,000~20,000cm^2 폭으로 맞추어져 게재되었다. 마이니치는 아사히, 요미우리와 비교해서 광고의 총 면적의 감소는 적었지만, 그 후로 광고가 많이 증가하지 않았다. 오히려 다른 신문들보다 1개월간의 광고 총 면적이 적은 것이 그 특징이라고 할 수 있다. 가호쿠신보는 역시 전국지들과는 다른 지면 구성을 보였다. 광고의 총 면적은 1개월에 걸쳐서 대부분 회복되지 않았다. 지진 하루 후와 이틀 후까지 광고가 대부분 포함되어 있지 않다.

어떠한 이유로 전국지에는 광고의 총 면적이 일시적으로 줄어들었으나 그 후 회복된 것일까. 그 이유 중 하나는 지면의 확보를 들 수 있다. 미증유의 대재해에 대해, 모든 신문사들은 총력태세로 보도를 했다. 특히 지진 하루 후와 이틀 후는 각 신문들이 피해지의 사진이나, 현장에서 전달된 생생한 수기 등이 1면에 게재되는 등,

평상시의 지면 구성과는 전혀 다른 모습을 보였다. 이를 위한 공간 확보를 위해서 광고 게재를 할 수 없었던 것일까. 혹은 대지진에 따라서 광고주가 게재를 자제한 것 때문일까. TV에서는 CF 등의 스폰서 기업이 모두 자제하고, 그 대신에 공익광고 CF가 끊임없이 전파를 탔었던 것이 떠오른다. 신문 광고도 마찬가지의 경우라고 볼 수 있는 것일까?

아마도 후자의 이유가 컸을 것으로 생각된다. 광고 자제를 한 것은 미디어가 아닌 광고주라고 생각된다. 전국지의 광고 총 면적이 지진 후 시간이 지나면서 급속하게 회복한 것은, 전국지에 광고를 내보내는 전국적 스폰서가 '자제 분위기'에 상관없이 돌아왔다는 것을 보여 준다. 그에 비해 가호쿠신보는 신문사의 스폰서인 대기업이 피해지를 고려해서 장기간에 걸쳐 계속해서 광고를 자제했거나 아니면 그 지방의 스폰서인 기업이 피해를 입어 광고 확보가 곤란했을 가능성이 있다고 생각할 수 있다. 재해지역의 미디어는 재정면에서도 대규모의 지진보도를 유지하는 것이 곤란했을 것으로 생각된다.

6 지진보도는 어떻게 해야만 하는가?

위와 같은 조사 결과를 근거로 다시 한 번 원점으로 되돌아가 보고자 한다. 이번 신문의 모든 지면 조사의 출발점이 된 것은 '전국지와 지방지에 따른 보도의 차이가 있을까?' 혹은 '시간 경과와 함께 지진보도는 어떻게 변화해 간 것일까?'와 같은 의문이었다. 그것을 알기 위한 하나의 도구로서, 이번 조사를 실시하였다. 조사를 끝낸 지금 다시 한 번 이 의문에 대하여 생각해 보고자 한다.

도쿄에 본사를 두고 일본 전국에 뻗어 있는 전국지는, 독자의 요구란 것을 전체적으로 보도하지 않으면 안 된다. 이러한 점이, 전국신문이 가호쿠신보보다 도호쿠 지방을 휩쓴 쓰나미 피해를 다룬 '지진', '쓰나미' 기사의 비율이, 광범위한 곳에 방사능의 영향을 주는 '원전', '오염' 기사의 비율보다 낮았던 것과 관련이 있다고 생각된다. 특정 지역에서 발생한 국소적 사건은(그것이 어떠한 큰 사건이든지, 대재해든 간에) 곧바로 지면에서 사라지고, 새롭게 발생한 사건에 묻혀 버리고 만다. 동일본대지진의 사태수습 목표가 보이지 않는 사이에도, 일본이나 세계에서는 많은 중대한 사건이 발생하고 있었다. 그 많은 사건 중에서, 보도할 것과 하지 않을 것을 선택해서 지면을 구성해 가는 것은 쉬운 일이 아니었을 것이다.

한편 가호쿠신보는 전국지 3개와 비교해서, 데이터상에서도 큰 차이가 보였다. 3개 신문보다도 압도적으로 긴 지진 관련 기사의 '수명'이 그것이다. 지진 발생 후 1개월 동안, 일관적으로 지진보도를 지면 전체의 70% 이상을 할애해서 보도를 계속한 것은 재해지역을 거점으로 하는 지방지로서의 가호쿠신보의 보도 입장이라고 말할 수 있다. 게다가 또 하나의 큰 차이는 '지진 및 쓰나미 보도를 중요시한 것'이었다. 가호쿠신보는 앞에서 말한 것처럼 원자력발전소 사고 후에도 여전히 '지진', '쓰나미' 관련 기사에 대폭 지면을 계속 할애하였다. 여기에는 신문사로서의 어떠한 판단이 관여했던 것일까. 지진 발생 직후의 가호쿠신보사의 다양한 움직임을 기록한 《가호쿠신보의 가장 길었던 하루, 지진 후의 지방지》(분게슌슈文藝春秋, 2011) 중에 다케다 신이치武田真一 보도부장의 회상이 기록되어 있다.

"원전의 위기상은 충분히 인식하고 있다. 하지만 그 시점에서도 여전히 삼십만 명 이상의 사람들이 쓰나미에 의해 어쩔 수 없이 피난생활을 하고 있고, 구조를 기다리는 사람들도 많이 있다. 지금 현재, 위기에 놓인 생명을 위해서 도움이 되는 보도를 제공하는 것이야말로, 지방지의 역할이 아닐까 생각한다"(176쪽).

앞에서 말한 것처럼, 전국을 아우르는 전국지와 재해지역의 지방지 간에는, 당연히 독자의 보도에 대한 요구가 다르다. 원자력발전소 사고나 방사능 오염의 문제를 포함하여, 일본 사회의 포괄적인 '현재'를 전국의 독자에게 전달하는 것이 전국지의 역할이다. 한편 가호쿠신보는 피해지의 지방지이다. 피해를 받은 사람들이 무엇보다도 필요로 하는 생활 관련 정보나 피해상황을 상세히, 계속해서 전달하는 것이 지방지의 '사명'이라고 말할 수 있다. 이런 입장의 차이가, 그리고 그것을 둘러싼 환경의 차이가, 지진보도에서의 대조적인 대처방법으로 나타나게 되었다고 하겠다.

전국지 3개 신문과 가호쿠신보와의 보도자세의 차이와 함께 특징적이었던 것은, 데이터에서는 전국지 3개 신문의 보도에 두드러진 독자성이 없었다는 것이다. 물론 3개 신문사들은 기자를 재해지역에 파견했고, 이에 따라 수합된 취재 대상 등은 각각 서로 달랐을 것이다. 하지만 지금까지 보아 온 바로는, 지면의 구성이 세 신문사 모두 매우 비슷했다. 지진 피해, 쓰나미 피해를 취급한 기사의 총 면적의 추이, 원전 관련 기사의 총 면적의 추이, 광고 면적의 회복 추이, 어느 것을 보아도 전국지가 담합이라도 한 듯이 유사한 경향을 보이고 있다. 그러나 이것은 어디까지나 기사 면적의 '양'을 척도로 한 것으로, 개별의 기사 내용이 같았다고 단정해서는 안 될 것이다. 하지만 지면의 구성이 이렇게까지 비슷하다는 것은 3개 전국지 모두 편집방침에 큰 차이가 없다는 것을 단적으로 보여 주는 것이라고 말할 수 있다.

전국지의 독자들의 경우에도, 지진보도에 대한 요구는 다양하다. 예를 들어 어떤 사람은 도쿄의 방사능 오염에 신경을 쓰고 있기 때문에 이와 관련된 보다 많은 정보를 요구한다. 또 어떤 사람은 피해지와 관련이 있기 때문에 재해지역의 생활정보를 신문이 끊임없이 취급해 주기를 원할 것으로 생각된다. 이러한 요구에 과연 전국지는 어떤 해답을 가지고 있는 것일까. 여러 개의 신문이 나란히 놓여 있어도, 제공하는 정보가 획일적이어서는 의미가 없다. 데이터를 보았을 때, 전국지의 지진보도는 이러한 문제점을 가지고 있다고 생각한다.

이 장에서는, 기사 면적이라는 차원에서 지진보도를 살펴보았다. 그중에서 재해 보도의 소멸과 전국지의 획일성 등의 과제가 두드러졌다. 또한 가호쿠신보가 전개한 지진보도 자세를 통하여 지방지가 가지는 역할이나 가능성에 대해서도 생각해 보게 되었다. 일본은 지진이 빈발하는 나라이다. 언제 어디서 대지진이 발생할지 모른다. 그와 떼려야 뗄 수 없는 관계로, 지진보도가 없어지는 일도 없을 것이다. 따라서 위의 과제들은 앞으로 해결되어야만 할 것으로 보인다.

제 2 장

지진보도의 '얼굴'
—가호쿠신보의 정보원에 대한 검증

옆으로 쓰러진 빌딩(오나가와초. 10월21일, 로쿠다 유이치 촬영)

린 이셴林怡蕿

1 '지진보도'를 다시금 생각하다

3·11 동일본대지진을 계기로, 하루하루의 보도 활동과 전혀 다른 성격을 가진 '지진보도'가 주목을 받았다. 하지만 이러한 국내외의 지진 관련 보도의 대부분은 '한 번 스쳐 지나가는 일회성 기사'가 될 수 있다. 지진과 지진에서 유발되는 일련의 재해 발생과 동시에, 보도의 밀도나 빈도가 급속히 높아져서, 치열한 보도경쟁은 그 절정을 맞이했다. 하지만 결국 시간이 경과면서 점차 진정되고 기사 면적도 축소된다. 이윽고 이러한 지진 관련 보도는 지면에서 사라져 간다. 지진 관련 기사마저도 '유통기한'이 붙는 것이다. 하지만 이는 이재민이나 희생자의 입장에서 생각해 보면, 기억의 단편화와 이것조차 점차 소멸되어 가는 풍화라는 최악의 결말을 낳을 수도

있다.

3·11 동일본대지진은 우리들이 이전에 품고 있던 '지진'의 이미지를 뒤엎을 정도의 위력을 가지고 있었다. '예상 외'의 위력을 가지고 도호쿠 근해를 덮쳐, 많은 생명을 빼앗은 쓰나미, 눈을 의심할 정도로 궤멸 상태에 빠진 거리의 풍경은, 영상을 통해서 많은 사람들의 뇌리에 남았다. 3월 12일 이후, 후쿠시마원전의 멜트다운 위기와 함께 현재도 심각한 상황이 계속되고 있는 방사능 오염이 발생했다. 게다가 복구 및 부흥건설, 소문에 의한 피해 등의 과제와 더불어 지진보도의 내용은 더욱 복잡하게 되었다. 또한 정치문제화되고 있는 경향도 보이고 있다. 이러한 가혹한 현실을 앞에 두고 재해지역의 신문은 어떠한 입장에서 이를 보도하고 있는 것일까.

많은 보도에서 '비일상적인 광경'이란 단어가 빈번하게 등장한다. 그것은 이재민의 상황을 심각하게 전달하며, 취재하는 측과, 읽는 측의 마음에 충격을 주는 말이다. 그렇다면 누가 이 '비일상적인 사건'을 말했고, 또한 어떤 내용이 보도된 것일까. 이를 지진보도의 상태, 즉 '누구를 위한 지진보도인가'를 생각하는 하나의 수단으로서 검증해 보고자 한다.

2 지면의 '정보원'을 검증한다.

검증대상으로서는 도호쿠의 지방 신문인 가호쿠신보를 들 수 있다. 가호쿠신보는 1897년에 창간된 일간지로서, 센다이에 본사, 그리고 도쿄과 오사카大阪 각지에 지사를 갖추고 있으며, 후쿠시마, 게센누마, 이시마키石巻 등 8곳에 총국 및 시즈카와志津川, 이와누마岩沼 등 31개의 지국, 약 300명의 기자가 있다. 도호쿠 6개 현을 그 발행지역으로 하는 블록신문으로서, 조간 발행 부수는 약 48만 부, 석간은 약 10만 부인 중간 규모의 신문사이다(가호쿠신보사 홈페이지 참조). 지진 발생 후 하루도 휴간하지 않고 발행을 계속하고 있는 점, 그리고 지진 전, 미야기현 내에 약 70%의 시장 점유율을 자랑하는 등, 이 신문은 오랫동안 도호쿠 지방과 관련된 보도를 하였기에 그 지방의 시각을 엿보는 데에 걸맞은 자료라고 생각된다.

지방지가 만들어 낸 지진보도는 누구의 말로 구성된 것인가를 고찰하기 위해서 '기사 중에서 가장 많이 등장하는 얼굴'을 설문하여 집계한다. 여기서 말하는 '기사 중의 얼굴'은 '정보원情報源'으로 바꾸어도 좋다. '정보원'의 명시의 유무는 기사내용의 신뢰성을 평가하는 중요한 지침이라고 생각되지만(藤田: 2010), 정치나 경제 등 권력 감시에 관련된 민감한 이슈에서는 더욱더 중요한 지침이라고 생각한다. 하지만 여기서는 정보원을 측정하여 기사내용의 신뢰성을 검증하는 것뿐만이 아니라, 정보원으로 여겨지는 사람들이 어떠한 사람들인가에 관한 파악에도 중점을 둔다. 어떠한 사람들의 말을 통해서 어떠한 지면이 구성되고 있는 것인가. 그것이 어떠한 의미를 지니고 있는 것일까. 지면에서의 '얼굴'의 시점에서 검증하려 한다.

조사는 지진 발생 다음 날인 3월 12일부터 4월 11일까지 1달간의 전 지면을 대상으로 한다. 가호쿠신보사는《가호쿠신보 특별 축소 인쇄판 3·11 동일본대지진 1달간의 기록 2011. 3. 11~4. 11 지면 집성》(다케쇼보竹書房)을 편집, 간행하고 있지만 지진 관련 지면 중에는 일부 게재되지 않는 것도 있기 때문에 본 조사는 실제의 신문지면을 근거로 한다. 제1장에서 보이는 것처럼 가호쿠신보에서는 지진 관련 기사가 지면 전체의 70% 이상의 수준을 유지, 지속해 왔다는 것을 확인할 수 있었다. 일수로 따지면 조간 31일분과 석간 25일분으로, 조간 2,014건과 석간 498건, 합쳐서 2,512건의 취재기사('생활 관련 정보'는 대상 외로 한다)를 추출하였다(그림 1). 또한 피해로 인해 지진 전과 비교해서 지면 수가 대폭 감소한 시기가 확인되었기 때문에, 〈그림 2〉에서는 조사대상 기간의 지면 수 일람을 정리하였다. 조간 520면, 석간 118면, 합쳐서 638면의 분량이었지만, 단순 계산으로 한다면 1면에 4건의 관련 취재 기사라는 비율이 된다. 단지 '생활 관련 정보'의 교통, 라이프라인, 의료, 통신, 방송, 장신구, 상담전화 등 이재민에게 가장 필요한 생존 관련 정보가 4월 9일까지 2면 분량을 차지하고 있고, 그 이외에 1~2면의 사진 그래프, 사망자와 행방불명자의 이름 게재, 위문광고, TV란 등도 포함하고 있어, 각 지면에 배당된 관련 취재 기사의 수는 실제로는 4건 이상일 것이다.

이상 가호쿠신보의 1개월간의 지면상황을 어느 정도 파악해 보았다. 다음은 2,515건의 기사 중에서 누가 등장하였고, 어떤 지면의 '얼굴'을 만들어 냈는가를 알아보고자 한다.

정보원의 추출에 대해서는, 후지타 히로시藤田博司(2010)가 전국지 1면 조사를 행했을 때의 분류기준을 참고로 하였다. 그는 "정보

그림 1 가호쿠신보의 지진 관련 기사 수량 분포

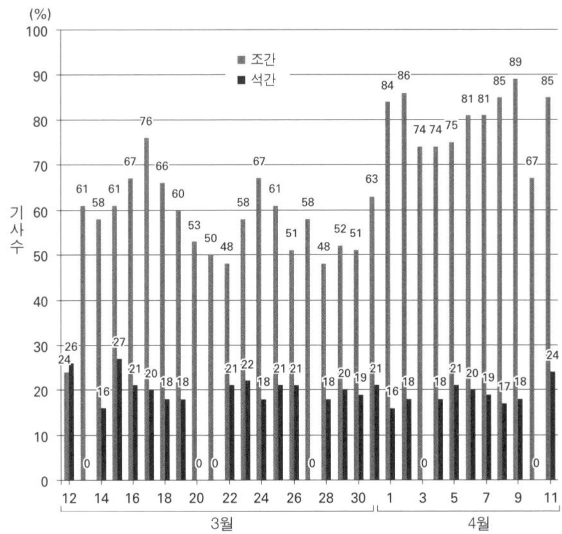

그림 2 가호쿠신보의 지면 수의 추이

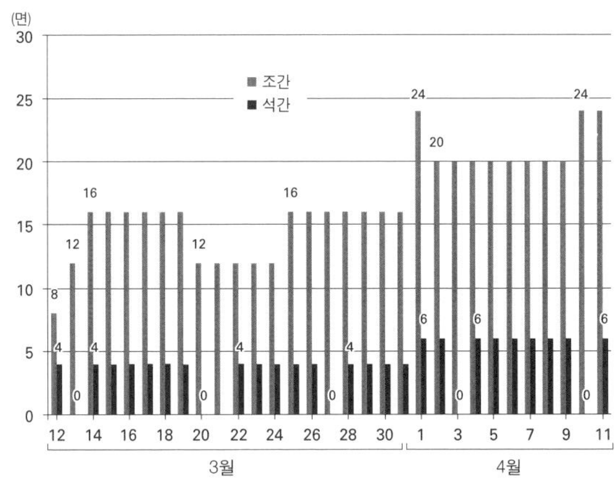

원의 언급의 유무와, 언급의 방법에 대하여"(141쪽) 조사를 실시했지만, 여기서는 정보원의 언급의 유무 외에 명시된 정도에도 초점을 맞추고자 한다. 우선 크게 '정부 정보원'(A)과 '민간 정보원'(B)의 2가지 범주로 분류한다. '정부 정보원'이란 공인, 정부기관, 지방자치단체, 공적 자금으로 설립된 단체에 의한 발언을 가리킨다. '민간 정보원'이란 일반 기업, 민영화 기업, 개인, NPO/NGO 등이 여기에 속한다. '정부 정보원'(A) 범주를 다시 '기관의 직책과 개인명을 명시하고 있음'(A-1), '기관명을 명시하고 있지만 직책 혹은 개인명을 명시하지 않음'(A-2), '기관명도 직책도 개인명도 명시하지 않음'(A-3)의 3가지 하위 범주로 분류한다. A-1은 정부 정보원의 출처를 상세하게 독자에게 전달한다는 가장 이상적인 기사작성 방식이다. A-3은 '정부 관계자', '정부'라는 정부 정보원이라는 것이 추정되지만, 어떤 위치의 누가 그러한 발언을 했는가가 전혀 불명확하고 애매한 정보원이다.

또한 '민간 정보원'(B)에 대해서도 마찬가지로, '민간단체/기업, 소속 및 개인명을 명시하고 있음'(B-1), '민간단체/기업, 소속을 어느 정도 명시하고 있지만 개인명을 명시하고 있지 않음'(B-2), '단체명, 소속, 개인명 어느 것도 명시하고 있지 않음'(B-3)(예: '무직의 남성/여성', '협의의 출석자' 등)으로 나누어서 분류한다. 그 외에도 '통신사 보도/타 사 기사'(C)의 범주도 마련하여, 자사 취재의 일차 정보와의 구별되는 점을 알아본다. 정보원이 확인되지 않는 기사도 있지만, 그중 기자가 현장에서 보고 들어 기록한 기사, 혹은 예정된 행사 혹은 과거의 사실을 언급하는 것과 같은, 정보원을 쓸 필요가 없는 기사는 '정보원 해당 없음'(D)으로 분류한다.

3 지면에 나타난 '얼굴'

이상에서 분류해서 얻어진 숫자를, 조간, 석간, 조간+석간(그림 3)으로 각각 나누어 보았다. 단지 하나의 기사에 복수의 범주의 정보원이 있는 경우는 각각을 추출하여 기록하는 방법을 채택했기 때문에 정보원의 총 수는 기사의 총 수를 상회하는 결과를 보였다.

우선 A(정부 정보원)과 B(민간 정보원) 범주의 비율을 보면, 조간의 경우는 A=47%, B=45%, 석간은 A=33%, B=59%이었다. 조간+석간은 A=44%, B=48%라는 결과를 보인다. 이 일련의 숫자를 통해 우선, 조간과 조간+석간에서는 A와 B 범주가 거의 같은 비율을 차지하고, 같은 정도의 기사 수가 등장하고 있다고 말할 수 있다. 그러나 석간만을 본다면 B 범주가 A 범주의 1.8배의 기사 수로 등장하여, 여기서 양자의 현저한 차이를 확인했다. 하지만 석간 기사 수가 조간의 4분의 1이었다는 점, 그리고 조간+석간의 숫자에는 A와 B 범주가 서로 근접한 수치를 나타내고 있다는 점에서 미루어 볼 때, 역시 일반 시민이나 단체의 등장 빈도는 정부 관료나 정치가와 같은 빈도로 취재되지 않았다고 하겠다.

조직의 얼굴로 등장한 정부 정보원

신뢰성이라는 관점에서 정부 정보원을 검증하는 방법은 다음과 같

그림 3 가호쿠신보의 정보원 분포(조간, 석간, 조간+석간)

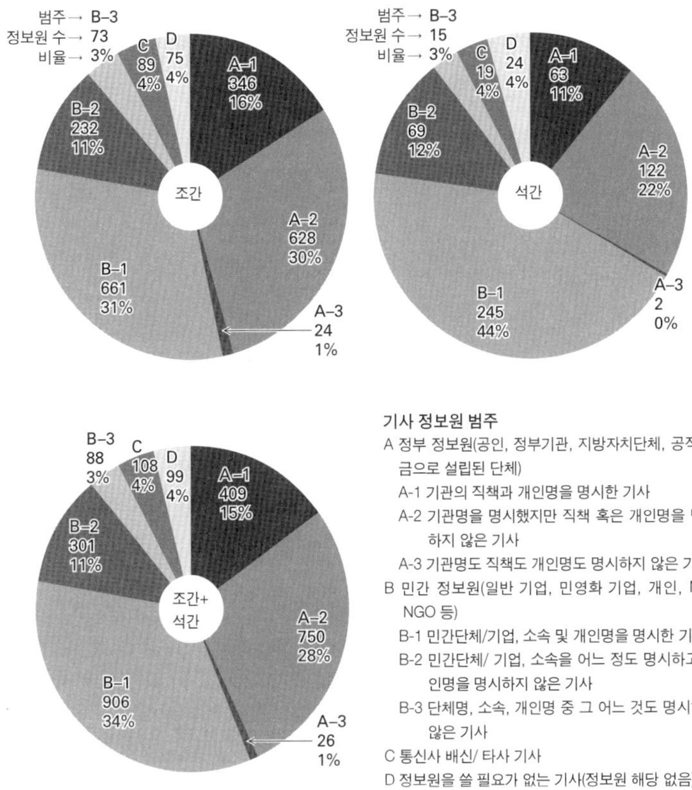

기사 정보원 범주

A 정부 정보원(공인, 정부기관, 지방자치단체, 공적 자금으로 설립된 단체)

A-1 기관의 직책과 개인명을 명시한 기사

A-2 기관명을 명시했지만 직책 혹은 개인명을 명시하지 않은 기사

A-3 기관명도 직책도 개인명도 명시하지 않은 기사

B 민간 정보원(일반 기업, 민영화 기업, 개인, NPO/NGO 등)

B-1 민간단체/기업, 소속 및 개인명을 명시한 기사

B-2 민간단체/ 기업, 소속을 어느 정도 명시하고 개인명을 명시하지 않은 기사

B-3 단체명, 소속, 개인명 중 그 어느 것도 명시하지 않은 기사

C 통신사 배신/ 타사 기사

D 정보원을 쓸 필요가 없는 기사(정보원 해당 없음)

다. 예를 들면 틀린 정보의 비율이나, 기사의 기술 방법 분석 등이다. 여기서는 주로 정보원이 명시된 수준에서 어느 정도의 고찰을 실시하고자 한다.

이번의 검증 결과에서는 몇 가지의 공통점을 알 수 있었다. 우선, 조간, 석간, 조건+석간의 어느 것도 A-3(기관명도 직책도 개인명도 명시되지 않음)처럼 애매하게 정보원을 명시하는 경우가 적다는 점이다. 예를 들면 '정부 관계자', '정부 인사', '관계 인사'(일본의 신문지면에서의 정부 정보원의 취급을 분석한 藤田 2010 참조) 등 책임의 소재가 애매하여 비판받기 쉬운 많은 기사 방식은 전체의 1% 미만이었다. 이런 점에서 이번 지진이 가져온 커다란 혼란 속에서도 전 지면에서 명확한 정부 정보원을 제시하고, 기사의 신빙성을 뒷받침하고자 하는 노력이 엿보인다. 그 결과는 A-1(기관의 직책과 개인명을 명시하고 있음)과 A-2(기관명을 명시하고 있지만 직책 혹은 개인명을 명시하지 않음)를 통해 나타난다. A-1과 A-2의 결과에 대해서는 〈그림 3〉에 각각의 비율과 건수를 표시하였다. 모두 다 A-2 〉 A-1의 결과를 보였다. A-1은 예를 들면 '에다노 유키오枝野幸男 관방장관', '간 나오토菅直人 수상', '무라이 요시히로村井嘉浩 미야기현 지사'와 같이 원자력발전소 사고나 피난문제를 언급하는 공인으로서의 면면이 분명하게 전달되는 것이다. A-2는 "경제산업성 원자력안전, 보안원 〔…〕라고 발표했다", "원자력안전위원회의 담당자에 의하면", "미야기현 재해대책본부에 의하면", "시의 직원", "후생노동성/방위성/국토교통성에 의하면", "현 고위관부는 〔…〕 라고 말했다", "시는 〔…〕라고 말하고 있다" 등이 대표적인 방식으로, 일정한 정보원이 명시되어도 정부기관이라는 '조직의 얼굴'이 나타날 뿐이다.

또한 여기서는 '정부 정보원/민간 정보원'이라는 편의상의 분류의 방법을 채용했지만 실제는 '유사 정부 정보원'으로 지목받는 것이 B-2 속에 포함되어 있다. 그 대표적인 예로 민간 기업의 '도쿄전력'과 '도호쿠전력'을 들 수 있다. 금번의 원자력발전소 사고에 있어서 양 사, 그중에서도 도쿄전력이 정부의 판단을 크게 좌우할 수 있는 점을 감안하면, 도쿄전력과 도호쿠전력을 정부 정보원으로서 간주하는 것도 타당하다고 생각한다. 조간에서 양 사가 정보원으로 판단한 기사 수는 어림잡아 전체의 약 3%(67건)에 달했다. 이것을 A-2에 더하면 A-2는 33%까지 상승한다. 이렇게 다시 나누어보면 조간, 석간, 조간+석간의 모든 것이 A-2가 A-1의 배에 가깝게 된다는 것이 확인됐다. 즉, 지면에서 정부 정보원 중 공적 부문이나 지자체인 '조직의 얼굴'이 '공인의 얼굴'보다도 2배 가까이의 빈도로 등장하고 있는 것이다. 물론 글자 수, 마감 등의 각자의 제약이 있기 때문에 각 기사의 모든 정부 정보원을 상세히 나타내는 것은 곤란하다. 하지만 공적 발언의 책임 소재를 더 명확히 나타내는 것은 재해지역의 부흥과 관련해서도 중요한 의미라고 생각한다. 이상, 정부 정보원을 명료하게 나타내는 중요성을 강조했다. 그러나 이번의 후쿠시마 원자력발전소 사고에서 정부 정보에 관련한 또 하나의 중요한 문제가 드러났다. 정부와 도쿄전력의 유착 체제에서 나온, 수를 셀 수 없을 정도의 즉흥적인 발언이나 도피성 발언이 그것이다. 이들의 느린 대응은 재해지역을 방사성 물질 확산의 공포에 몰아넣고 말았다. 이 중에는 가령 정부 정보원으로부터의 보도가 매우 상세하게 보도되었다고 해도 그것을 어디까지 신용해도 되는가 하는 '정보의 질'의 문제가 의심스러운 것도 있다. 유언비어나 소문 피해가 횡행하게 된 사태는 정부 정보의 잘못된 정보와 사람들의 정부 정보에 대한 불신의 결과라고 생각한다.

실명으로 등장한 민간 정보원

B 범주에 관해서는 〈그림 3〉에서 나타난 바와 같이 B-1(민간단체/기업, 소속 및 개인명을 명시한 것)의 점유 비율은 더 많다. 순번으로 말하면 B-1 〉 B-2 〉 B-3이다. 조간과 석간(그림 3)에는 B-1이 각각 31%(661건), 44%(245건)이라는 높은 비율을 보이지만, 여기에서 등장한 '일반인/개인'의 대다수는 재해지역, 혹은 재해지역과 관련된 사람들이었다. 그들은 '○○씨(나이)=△시市 ○초町 ▽번지', '직업/회사명 ○○씨(나이)'과 같이 실명과 연령, 사는 지역이나 직업을 함께 등장시키는 한편, 얼굴 사진도 게재하고 있는 기사가 적지 않다. 이것들 하나하나에서 그들의 심정이 전달되는 것이었다. 그것이 비해서 B-1의 3분의 1에서 4분의 1의 비율로 등장한 B-2(조간에는 11%=232건, 석간에는 12%=69건)에는 '도쿄전력 간부', '이즈미구泉区 남성 회사원', '일본적십자사' 등의 예를 들 수 있다. '도쿄전력'은 앞에서 말한 것처럼 '유사 정부 정보원'으로서 간주하는 것도 가능하기 때문에 이를 뺀다면 조간의 B-2의 비율은 약 3% 낮아진다.

또한 정부 정보원과의 비교에서 민간 정보원을 검증하게 되면, 후자의 존재감이 한층 현저하게 나타난다. 예를 들면 석간은 조간과 거의 같은 A-1과 A-2, B-1과 B-2의 조합이 전체의 약 90%를 차지하였다. 하지만 여기에서 결정적인 차이는 B 범주의 큰 존재감이다. A-2의 2배의 기사수를 가진 B-1은 전체의 44%로 전 샘플 수의 절반 가까이로 셈할 수 있다. 석간은 조간보다도 많은 개인이나 민간 단체에 초점을 맞추어, 그들의 처지나 목소리를 취재한 것이 확인되었다. 다른 한편 정부 정보원인 정부나 관료조직의 기사의

그림 4 가호쿠신보의 조간, 석간 범주별 기사 수의 비율

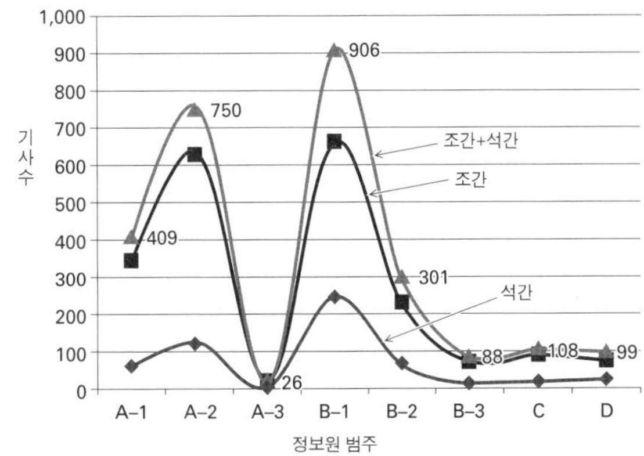

비율은 조간보다도 많은 전체의 30% 정도에 머물렀다. 더욱이 〈그림 4〉의 조간+석간을 보면 알 수 있듯이 B-1과 A-2의 차이는 더욱 커진다. 즉 조간+석간의 B1은 906건, 전체의 34%라는 결코 낮다고는 말할 수 없는 수치가 나와, 다시 조간+석간의 B 범주를 계산해 보면 1,295건인 48%에 달한다.

여기까지의 일련의 비교와 분석의 결과를 포함한 결론을 말하자면, 지방 사람들에 초점을 맞추어 보도한 가호쿠신보의 자세가 이번 지진보도에 현저히 두드러진다고 할 수 있겠다. B 범주의 검증을 통해서 절반 가까이 기사의 이재민 한 사람 한 사람의 목소리와 재해지역의 현실이 게재된 것을 알 수 있다. 그리고 석간기사의 40%는 실명과 나이가 함께 등장한 현지 사람에 의한 현지 증언이었다. 정부기관의 공무발표에 의지하는 것이 아닌 서민의 육성

을 정중히 담아서 그것을 모아 재해지역의 현실을 전했다고 할 수 있다.

4 재해지역 당사자에 초점을 맞춘 기사와 연재

제1장은, 가호쿠신보와 전국지 세 신문과의 큰 차이 중 하나로서 '지진 및 쓰나미 보도의 중시'를 지적하고 있다. 이 지적은 본 장에서 들고 있는 정보원의 분포와 관계가 있다. 즉 B 범주의 민간 정보원을 많이 등장시키고 있는 것은, 기자가 현지에 들어가서 쓰나미와 지진에 의한 피해상황을 실제로 취재한 결과이다. 그것은 폐허 속에서, 피난소, 병원, 관청, 가설주택 등에서 얻은 귀중한 증언이었다. 예를 들면 3월 15일부터 시작된 〈피난소 지금〉이라는 연재에는 지진 당시의 공포, 가족이나 친지를 잃은 가슴 아픈 마음, 재회의 기금, 생활 재건의 절망감 등을 성실하게 기록하는 한편, 피난소가 직면하고 있는 식료품과 구원물자의 부족, 전염병 등의 궁핍함을 호소하는 내용이 잇달았다. 그리고 3월 20일까지 각 피난소에 있는 사람들의 요청이나 생각을 5단 분량(약 780cm²)으로 한 사람에 50자 전후로 모은 육성을 계속해서 전달했다. 3월 22일부터 시작된 연재 〈견디자 3·11 대지진〉은 표제어에 개인이나 단체명을 강조하여, 행정에 기대지 않고 어떻게든 자신들의 힘으로 피난생활의 기반을 구축하고 있는 사람들의 모습을 전하고 있다. 장애아 지원, 지원 산업의 재건, 아이들의 심리치료, 노인 구호 등을 격려하면서

눈앞에 산적해 있는 문제를 진심으로 생각하는 사람들의 모습도 상세하게 기록을 남기고 있다.

취재 기사에 대해서도 한 가지 말하고 싶은 점은 정부 정보원과 민간 정보원이 하나의 기사에서 병존하고 있다는 것이다. 즉 정부 정보원에게서 얻은 정보를 그대로 전달하려고 하는 기사가 아니라 그 지방 사람들의 반응도 두루 살펴, 지역에 초점을 정한 기사내용을 구성하려 했다고 말할 수 있다.

마치며—누구를 위한 지진정보인가

정보원이란 측면에 초점을 맞추어 다른 성격을 가진 정보원의 '얼굴'을 비춘 기사 내용을 검증했다. 이 '얼굴'은 정부이든 아니든 간에, 이번의 대지진을 둘러싸고 복잡한 이해관계를 갖고 있다. 따라서 '당사자'를 위한 보도 안에 포함되어 있는 당사자들 사이에 놓인 권력관계도 신중하게 확인할 필요가 있다. 당사자 중에서도 유난히 불리한 입장에 서 있는 약자에게 조명을 비추어 그 불행한 사태를 이끌어 낸 정책이나 정치적 결정의 책임을 추궁하는 것은 지진보도가 완수해야 할 역할이다. 가호쿠신보에 대해서는 협의의 '당사자', 즉 약자로서의 당사자에 다가가는 자세가 이번 검증에서 큰 인상을 주었을 뿐만 아니라 이는 통계적으로도 확인되었다. 또한, 검증 대상 기간이 아니었던 4월 12일 이후의 지면에서도 〈우리가 본 대쓰나미 3·11 대지진〉, 〈도큐먼트 대지진〉, 〈기억 당신을 잊지 않습니다〉와 같이 지진을 후세에 전하는 연재가 시작되었다. 그 때부터 1년이 지난 2012년 4월 현재, 지면은 지진 이전의 편성으로 돌아갔지만 계속해서 〈이재민의 현재〉, 〈증언/초점 3·11 대지진〉 등 많은 면적을 할애해서 검증 보도를 계속하고, 수많은 희생자를 만들어 낸 대참극의 원인을 깊이 생각하려는 노력을 하고 있다.

시간이 경과하면서 지진정보도 그 형태나 내용에서 요구되는 것은 변화해 가고 있지만, 많은 당사자의 목소리를 떠올려 지면을 통해 그 존재를 널리 사회에 알리기 위해 그들이 직면한 과제나 노력을 사회 전체와 공유하려고 하는 방향이 변하지 않았다는 것을 기대하고 싶다.

참고문헌

후지타 히로시藤田博司(2010), 《어떻게 하나 정보원—보도 개혁의 분수령》, 리베르타출판リベルタ出版

가호쿠신보사河北新報社(2011), 《전 일본대지진의 모든 기록—피해지에서의 보고》, 가호쿠신보출판센터河北新報出版センター

가호쿠신보사河北新報社(2011), 《가호쿠신보 특별 축소판 3·11 동일본대지진 1개월의 기록 2011. 3. 11~4. 11 지면 집성》, 다케쇼보竹書房

제3장

쓰나미 피해는 지속적으로 보도되었는가?

—한신아와지대지진과의 비교

봉사활동 학생과 놀고 있는 아이들
(이시마키 시, 4월 24일, 로쿠다 유이치 촬영)

시노하라 노리히코篠原紀彦

1 왜 쓰나미 보도의 '지속성'인가

"쓰나미 피해를 계속 보도하라."《Journalism》(아사히신문출판朝日新聞出版, 2011년 10월호)에 게재된, 후지모리 켄藤森研 교수(센슈대학専修大学)의 〈대지진보도 6개월—신문이 보도한 대지진과 원자력발전소 사고 기사 및 사설의 분석에 의한 제언〉에 있는 한 장章의 제목이다. 여기서 후지모리 교수는 "도호쿠의 아픔에 공감하고 사회적 연대를 잃지 않도록 보도를 계속하는 것도 또 하나의 열쇠가 될 것이다"고 말하고 있다. 예상대로 신문은, 쓰나미 피해지, 또한 쓰나미에 따른 피해를 입은 사람들의 그 후의 생활을 지속적으로 보도했던 것일까?

신문은 하루하루 각자의 새로운 뉴스는 물론, 생활정보에서 예고 및 TV란까지, 한정된 지면에 다양성을 중시하여 편집하지 않으면 안 된다. 그러므로 시간이 경과함에 따라서 쓰나미 피해 보도가 상대적으로 적어진 것은 자연스러운 흐름일 것이다. 더구나 대지진과 관련된 것이라고 해도, 도쿄전력 후쿠시마 제1원자력발전소 사고에 따른 방사능 오염, 배상에 관한 기사도 독자에게는 큰 지면을 할애해야 할 필수적인 정보이다. 하지만 그것들이 쓰나미 피해 보도의 중요성을 감소시킬 수는 없다. 이번 쓰나미의 교훈을 후세에 남겨, 장래 반드시 일어날 쓰나미 피해를 최소한으로 줄이기 위해서라도 쓰나미 피해에 관해 지속적으로 보도하는 것은 저널리즘의 사명이라고 하겠다.

그 '지속성'을 측정하는 척도는 무엇인가

우리들은 1995년 1월 17일에 한신아와지대지진阪神淡路大震災(주로 지진에 의한 건물의 파괴가 특징으로 6,434명의 사망자를 낳았다—기상청 홈페이지〔12월 2일 열람〕)이라는 거대한 지진을 경험했다. 나는 이 한신아와지대지진의 피해보도가 얼마나 지속적으로 보도되었는가를 조사하여, 그것과 비교한다면 동일본대지진의 쓰나미 피해지에 관한 보도의 지속성을 평가하는 데 도움이 되지 않을까 생각했다. 그래서 동일본대지진 발생 이후 6개월에 걸쳐 전국 3개 신문(아사히신문, 마이니치신문, 요미우리신문)이 쓰나미 피해를 얼마나 지속적으로 보도했는가 검증을 시작했다. 그리고 그에 추가해서 장기간의 보도가 어떠한 특징을 가진 지면을 만들어 냈는가도 조사했다.

2 쓰나미 기사의 양과 비율—그 추이

조사 대상은 상기 전국지 3개의 조·석간에 나타난 한신아와지대지진의 지진 기사, 동일본대지진의 쓰나미 기사이며, 이와 함께 지진 발생 다음 날, 1개월 후, 2개월 후, 6개월 후를 대상 날짜로 하였다. 즉, 동일본대지진이라면 3월 12일, 4월 11일, 5월 11일, 6월 11일, 7월 12일, 8월 11일, 9월 11일의 지면을 조사 대상으로 하였다.

조사방법은 제1장과 같은 기사 면적 측정 방법을 따랐다. 기사의 채택 대상에는 동일본대지진, 한신아와지대지진의 피해상황은 물론, 지진에 따른 피해를 입은 지역, 주민, 이후의 대책 등을 모은 기사도 포함되어 있다. 또한 원 신문이 아닌 축소판을 사용하여 조사를 한 지면도 있다.

통계를 내기 위해서는, 신문 전 지면에 따른 해당 기사의 비율에도 주목하였다. 신문사마다 합계 지면수가 다르기 때문에, 단순히 면적만으로는 객관적인 수치가 되지 않기 때문이다. 동일본대지진에 따른 전국 3개 신문 조사 결과를 〈표 1〉에 밝혀 두었다.

한신아와지대지진과 동일본대지진, 이 두 거대한 재해에 대해서 보도된 비율을 조사하기 위하여, 전국 3개 신문 모두 지진 후 1개월간 기사 면적 조사를 실시했다. 두 지진에서, 지면 총 면적을 차지하는 해당 기사의 비율은 신문사마다 각각 큰 차이가 보이지 않았기 때문에 전국 3개지를 모두 합해, 지진보도량의 평균치의 추이를 보았다(그림 1). 이에 따르면, 한신아와지대지진과 동일본대지진의

표 1 동일본대지진, 전국 3개 신문 기사 면적 조사 결과

아사히신문	3월 12일	4월 11일	5월 11일	6월 11일	7월 12일	8월 11일	9월 11일
지면수	32	32	54	52	54	46	40
기사량 합계(m^2)	62,400	62,400	105,300	101,400	105,300	89700	78,000
쓰나미 기사량(m^2)	24,978	10,175	4,932	11,690	2,377	2421	3,151
비율(%)	40.0	16.3	4.7	11.5	2.3	2.7	4.0
마이니치신문							
지면수	38	32	38	36	38	38	32
기사량 합계(m^2)	74,100	62,400	74,100	70,200	74,100	74,100	62,400
쓰나미 기사량(m^2)	22,596	11,328	5,251	11,548	3,435	5,618	11,849
비율(%)	30.5	18.2	7.1	16.5	4.6	7.6	19.0
요미우리신문							
지면수	28	36	52	56	54	44	40
기사량 합계(m^2)	54,600	70,200	101,400	109,200	105,300	85,800	78,000
쓰나미 기사량(m^2)	24,011	13,778	14,785	11,620	3,837	7,339	8,743
비율(%)	44.0	19.6	14.6	10.6	3.6	8.6	11.2

주: 3개 신문 모두 7월 11일은 석간만 발행하였기 때문에, 모든 신문의 7월 12일이 조사대상. 비율 이외의 수치의 경우, 소수점 이하를 제외.
하나의 지면 면적이 1,950m^2이기 때문에 예를 들어 3월 12일의 아사히신문(쓰나미 기사량 24.978m^2)에서는 32면 중 약 13면이 해당기사에 해당.

그림 1 전국 3개 신문 중에서 두 지진의 해당 기사가 지면을 차지한 평균비율

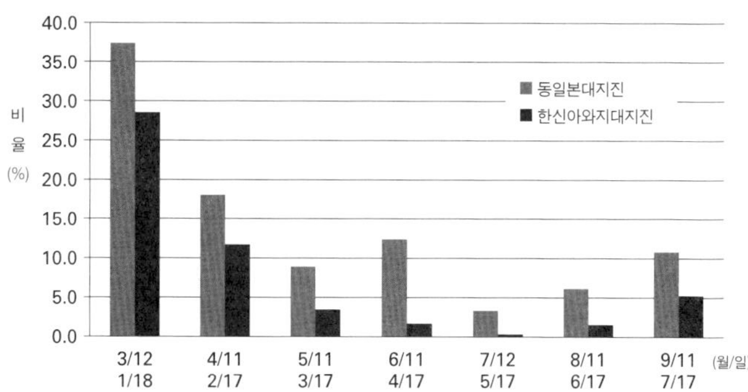

상단: 동일본대지진　하단: 한신아와지대지진阪神淡路大震災

보도량을 비교해 보면, 모두 시간이 지나면서 점차 감소해 가는 것을 알 수 있었다. 예를 들어 동일본대지진 해당 보도량은 발생 직후의 37.5%에서 그 후 18.1%, 8.9%로 차례로 감소했다. 또한 모든 조사에서 한신아와지대지진의 보도 비율이 동일본대지진의 보도 비율을 상회하는 시점은 한 번도 없었다.

3 3·11 쓰나미 보도의 특징

한신아와지대지진의 경우 보도 초기에만 지면을 차지했다. 하지만 동일본대지진의 보도 량은 발생 다음 날부터 6개월 후에 다다를 때까지 한신아와지대지진의 보도비율을 모두 웃돌고 있다. 또한 동일본대지진의 보도량은 한신아와지대지진 4개월 후처럼 0%에 가까웠던 시점은 없었다. 어째서 이 정도의 차이가 발생한 것일까. 한신아와지대지진 직후인 1995년 3월 20일에 일본을 충격에 빠트린 '지하철 사린가스 사건'(도쿄의 지하철에서 종교단체인 옴진리교オウム真理教가 일으킨 신경 사린가스를 이용한 동시다발 테러사건을 가리킴. 정식 명칭은 '지하철역 구내 독극물사용 다수살인사건地下鉄駅構内毒物使用多数殺人事件'—옮긴이)이 일어났다. 두말할 것도 없이, 각 신문들도 관련 기사를 대대적으로 보도하여, 한신아와지대지진에 할애할 지면이 감소한 것을 알 수 있다. 하지만 동일본대지진에도 쓰나미 보도 외에 후쿠시마 제1원전의 사고, 방사능 오염 문제 등 각각의 신문들이 보도해야만 하는 사건이 많이 있었다. 따라서 당시 상황이 다르기 때문에 신문의 지면에 할애된 지진보도의 비율이 다르다고는 말할 수 없다. 그렇다면 구체적으로 어떠한 지면의 차이

가 있었던 것일까. 두 가지 구체적인 예를 들어서 생각해 보겠다.

'사망자 명단'의 게재

한신아와지대지진에 비해 동일본대지진에서 사망한 사람들의 수와 행방불명자가 발견되기까지의 기간에서 큰 차이가 있어, 보도가 장기간에 걸쳐 계속되었다. 한신아와지대지진 발생 2개월 후인 1995년 3월 17일의 아사히신문 석간에 의하면 이 시점에서 한신아와지대지진에 따른 행방불명자는 2명이었다. 그리고 그 1개월 후인 4월 17일 이후의 지면에는 사망자의 명부가 게재되지 않았다. 한편 동일본대지진은 어떠했는가. 아사히, 요미우리 양 신문에는 9월 11일까지 계속해서 사망한 사람들의 이름이 게재됐다(마이니치는 사망자 이름을 게재하지 않았다). 5월 11일, 9월 11일의 요미우리신문 조간에 '사망자 명단'의 게재가 2면 이상에 걸쳐 크게 게재되었다. 동일본대지진에서는 행방불명자의 수가 날이 지날수록 조금씩 줄어들기는 했지만 지진으로부터 수개월이 지나도 아직 많은 수의 행방불명자가 남아 있었다. 이것이 동일본대지진의 쓰나미 피해 보도량이 지속되는 하나의 요인이 되고 있을지도 모른다.

특집기사 취재방법의 차이

나는 기사 면적 조사 단계에서, 두 지진에 대한 특집기사의 취재 방법이 다르다는 것을 느꼈다. 두 지진 이후, 전국 3개 신문의 특집기사의 유무를 지면 조사, 또는 각 신문의 데이터베이스로 조사한 결과를 〈표 2〉로 정리했다.

표 2 지면상의 특집기사의 게재 여부

동일본대지진	4월 11일	5월 11일	6월 11일	7월 12일	8월 11일	9월 11일
아사히	×	×	○	×	×	×
마이니치	×	×	○	×	×	○
요미우리	×	○	○	×	×	○
한신아와지대지진	**2월 17일**	**3월 17일**	**4월 17일**	**5월 17일**	**6월 17일**	**7월 17일**
아사히	○	×	×	×	×	○
마이니치	×	×	×	×	×	○
요미우리	×	×	×	×	×	○

주: 각 신문 데이터베이스에 따르면 전국지 3개 신문의 기사는 분류기준이 있는데, 이를 기준으로 특집기사 여부를 판단.

이 표를 보면, 지진 발생 3개월 후의 시점에서 커다란 차이가 있다는 것을 알 수 있다. 한신아와지대지진의 특집이 발생 3개월의 시점에서는 1개의 신문에도 실리지 않았으나, 동일본대지진의 특집은 어느 신문에나 실려 있다. 특집기사의 내용은 이재민 설문조사, 대표자 설문조사 등 각양각색이다. 단지 동일본대지진 3개월 후에 3개의 신문 모두 특집을 싣고 있다는 사실에서는, 역시 신문사가 이번 지진을 중점적으로 다루고자 했다는 자세를 엿볼 수 있다. 동일본대지진의 발생 6개월 후에 아사히신문만이 9월 11일에 특집기사를 싣지 않았지만 이 날은 원전, 오염 문제에 관한 특집을 실었고, 전날인 9월 10일에는 쓰나미 피난에 관한 특집기사를 게재했다.

두 지진 1개월 후의 시점을 알아보자. 한신아와지대지진 1개월 후인 1995년 2월 17일, 아사히신문은 8면에 걸쳐 특집기사를 게재했다. 한편 동일본대지진 1개월 후인 2011년 4월 11일의 경우, 어떤 신문사도 특집을 싣지 않았다. 동일본대지진은 피해 범위가 막대했기 때문에 사실 보도에 따라서 1개월 후의 시점에서는 특집기사를 작성하고 이를 검증할 만한 여유가 없었을 것이다. 하지만 동일본대지진의 쓰나미에 기인한 검증할 만한 사례는 많이 있었기 때문에, 그 후의 특집기사가 한신아와지대지진 때와는 다른 취재방법을 취했다고 생각할 수 있다.

이상의 두 가지의 특징적인 사례는, 한신아와지대지진과 동일본대지진을 비교했을 때 크게 상이한 점이다. 지진에서 시일이 지나도 여전히 많은 수의 행방불명자가 있다는 점, 그리고 지진 직후에는 사실 보도가 중심이 되지만, 특집기사를 작성하는 데에는 이를 조사하고 또한 검증해야 하는 문제도 다수 존재하고 있다는 점 등은, 쓰나미에 따른 피해의 특유의 상황으로 말미암아, 각 신문사가 동일본대지진의 쓰나미 피해보도를 계속하는 원인이 되었다고 생각할 수 있다.

4 1년 후를 생각한다

수량적인 조사(그림 1)를 기반으로, 한신아와지대지진과의 면적 비율의 비교를 통해 알 수 있듯이, 동일본대지진에서 쓰나미가 연안에 가져온 피해는 광범위하고 또한 다양한 상황을 고려하지 않으면 안 되기 때문에, 신문의 피해보도가 계속되고 있음을 알 수 있었다. 동일본대지진은 쓰나미 피해보도만으로도 한신아와지대지진의 기사량을 웃돌고 있기 때문에, 원자력발전소 사고나 이로 인한 방사능 오염 문제, 지진의 메커니즘에 관련한 기사까지 고려해 본다면, 3·11의 충격의 크기는 한신아와지대지진을 훨씬 넘는 크기이며, 이것이 바로 신문을 비롯해 각종 미디어가 지속적으로 보도를 하도록 촉진하는 원인이 될 것이다. 기사량만이 아닌, 내용 면에서도 특집기사의 게재상황에는 특징적인 차이가 있다. 예를 들면 양 지진 1개월 후의 특집기사 게재의 유무에 의해 얼마나 동일본대지진의 신문보도가 사실보도 쪽에 가까웠는가를 알 수 있다. 또한 그 이후에 계속 대표자 설문조사, 주민 설문조사 등의 특집기사를 통해 사람들의 목소리를 이후의 복구에 어떠한 형태로 반영할 것인가 하는 점을 계속해서 보도해 왔다는 것을 확인할 수 있었다.

마지막으로 동일본대지진의 쓰나미 피해보도의 조사 전후에서의 나의 생각의 변화를 전달하고 싶다. 나는 동일본대지진에 따른 쓰나미 피해보도는 시간이 지남에 따라 점차 줄어들어 부족하게 될 것이라는 가설하에 조사에 임했고, 이를 기사의 절대량이나 비율로 조사하는 것뿐만 아니라, 한신아와지대지진과의 비교를 척도로 해서 조사했다. 그 결과, 시간이 지나면서 줄어든 후에, 낮은 비율이기는 하지만 오랫동안 기사가 지속된 것, 그리고 어느 시점에서도 한신아와지대지진을 웃도는 기사량을 보였음을 확인할 수 있었다. 한신아와지대지진과의 피해 규모의 차이, 부흥속도의 차이를 고려해도, 신문보도의 차이에는 분명히 차이가 있었다는 것을 확인할 수 있다.

동일본대지진의 쓰나미 피해보도는 반복해서 보도되었다. 단지 반복되었다고 안심할 것이 아니라, 이재민의 뜻을 헤아린 보도 그리고 이후에 교훈이 되는 보도가 필요하다. 2011년 10월 23일의 재난지역 방문 때에 후쿠시마현 소마 시相馬市에서 만난 NPO '후타로의 숲' 기금의 이사장의 니즈마 가오리新妻香織 씨는, 지진 후에 가장 마음속에 새긴 말로, '리셋'이라는 말을 꼽았다.

"나는 이 지진을 통해 가장 마음속에 새긴 말로 〔…〕 '리셋'이라는 단어를 들 수 있습니다. 이번 지진으로 인해 우리들이 지금까지 해온 게임은 리셋되었습니다. 그러니 우리들은 이제부터 새로운 가치관을 갖고 살아가야 하지 않으면 안 됩니다. 새로운 게임을 하지 않으면 안 됩니다. 그것이 지진 전과 같을 수는 없겠지만 말입니다."
'리셋'이란 어느 상태를 한 번 더 초기 상태로 돌릴 때 사용하는 단어이지만, 그녀는 '삶의 방식'의 리셋이라는 의미로 이 단어를 사용했다. 이와 같은 사고방식은 보도에도 필요한 것이라고 생각한다. 새로운 사태에 대해서는 새롭게 '리셋'된 보도가 요구된다. 미디어는 발신하고, 우리들은 수신한다. 우리들은 이후 어떠한 지진보도를 필요로 할 것인가. 이후의 조사결과를 되새겨 보며 다시 한 번 생각해 보고 싶다.

제2부 비판적 시점

제 4 장

신문은 왜 '다이혼에 발표보도'로 비판받는가?

원전은 주민의 생활을 단절시켰다
(미나미소마 시, 4월26일, 로쿠다 유이치 촬영)

가타오카 고타片岡弘太

1 칭찬에서 불신으로

상반된 평가

2011년 3월 11일 이후, 일본 사회에 대한 우리들의 신뢰는 많이 떨어졌다. 이는 일본 정부에 대한 신뢰이기도 하며 혹은 매스미디어의 신뢰이기도 하다. 노무라종합연구소野村総研가 3월 19일부터 3월 20일에 걸쳐 행한 〈지진에 따른 미디어 접촉 동향에 관한 조사〉(http://www.nri.co.jp/news/2011/110329.html)에 의하면 '정부 및 지방자치단체의 정보'에 대하여 '신뢰도가 저하됐다'고 대답한 사람이 28.9%로 30% 가까이 되었다. 매스미디어에 대해서는, NHK는 '신뢰도가 상승했다'가 28.8%, '신뢰도가 저하했다'가 4.7%로, '상승했다'가 '저하됐다'를 크게 상회했지만, 그 이외의 민방이나 신문사는 '상승했다'라기보다 '저하됐다'의 수치 쪽이 높았다.

한편 3월 11일 직후에는, 오히려 정부의 대응이나 일본을 평가하는 목소리도 있었다. 해외 미디어는 일본을 칭찬했다. 예를 들면 《타임*TIME*》지 4월 4일의 기사(〈Rising to the Challenge〉)처럼 '지진에 의해 일본은 단합할 수 있다'는 의견도 적지 않았다.

또한 비평가 아즈마 히로키東浩紀 씨는 3월 17일 《뉴욕타임스*New York Times*》에 기고한 기사 중에서 "이번 지진을 계기로, 일본인은 지금뿐 아니라 적어도 20~30년 동안은 경험해 본적이 없을 정도의 강하게 '국가'의 존재를 긍정적으로 의식하기 시작했다"(일본어판 원고)고 기술하고 있다.

깊어지는 불신

그러나 시간의 경과와 함께 '희망'은 희미해졌다. 대립이나 의심이라는 부정적인 측면이 강해지고 있다. 피해지의 잔해물을 수용하는 것에 반발하는 지방자치단체도 있다. 그리고 그 반발을 '결벽증'이라고 비난하는 사람들도 있다. 방사능 오염을 제거하기 위해 파낸 초등학교의 교정의 토사를 다른 장소에 옮기고자 하는 계획이 있었지만, 수용처의 주민은 그것을 거부했다. 그 흙의 방사선량이 결코 높은 것은 아니었으며, 또한 초등학교, 아이들을 위해서도, 그렇게 간단히 수용을 거절할 수는 없는 것이다. 물론 다른 장소에서의 폐기물 수용을 전달하는 TV 뉴스에서 살짝 비친 방사선 측정기의 수치가 정부 발표와 달랐기 때문에 의문의 소리가 높아지기도

하였다. 우리들은, 설령 정부가 '연간 20밀리시버트(mSv)라면 안전하다'고 말해도 그것을 순수하게 믿을 수 없게 되었다. "과학적으로는 저선량 피폭의 영향에 대해서 알 수 없기 때문에, 연간 1밀리시버트를 고수해야 한다"는 입장이 있다(다케다 구니히코武田邦彦 교수, 주부대학中部大学 등). 하지만 '달마다 100밀리시버트를 쐬도 문제없다'는 입장도 있다.

어느 쪽이 옳은 것일까. 우리들은 이제 그것을 순수하게 '과학적인 올바름'이라는 측면에서 생각할 수 없게 되었다. 왜냐하면 '어용학자'나 '어용 저널리즘'이 의도적으로 '편집한 정보'를 흘리고 있을 가능성을 완전하게 부정할 수 없게 되었기 때문이다. 이런 생각을 '음모론'이라고 가볍게 넘길 수도 있을 것이다. 그러나 그러한 생각을 가진 사람이 이전에 비해서 많아졌다는 것도 사실이다.

매스미디어라는 것은, 정보를 전달하는 '매개'에 대한 신뢰를 잃게 되면 거기서 어떠한 '정확함'이 유통되어도 사람들은 믿을 수 없게 된다. 지금 우리들은 그러한 '불신' 속에 있는 것은 아닐까. 그러한 불신이 사람들의 불안에 휩싸이게 하고, 그럼으로써 대립이 생기게 되는 것은 아닐까.

2 신문사는 어떻게 비쳐지고 있을까

때때로 '오락 미디어'라고 불리는 TV와 달리, 신문은 저널리즘을 구현하는 존재로서 비쳐지는 경우가 많다. 신문은 '사회의 공공기구'

라고도 불리지만, 그런 까닭에 기대가 큰 반면 그에 대한 비판도 많다. 이번 원자력발전소 사고 정보에 대해서는 여러 가지 비판이 있었지만 논자에 따라서는 완전히 반대의 비판이 있다. "일본의 보도는 권력 측의 발표를 비판하는 것이 아니라 '안전하다'고 홍보해 왔다"(우에스기 다카시上杉隆 · 우가야 히로미치烏賀陽弘道, 《보도재해 원전편》, 겐토샤신서幻冬舎新書, 2011, 54쪽)라는 비판이 있는 반면에, "공포심에 호소하는 듯한 신문기사가 얼마나 많았던가"(다케다 도오루武田徹, 《원자력발전소 관련 보도와 미디어》, 고단샤 현대신서講談社現代新書, 2011, 37쪽)라는 비판도 있다.

실제로 신문은 '원자력발전소 사고'를 어떻게 보도했던 것일까. 세가와 시로瀬川至朗 교수(와세다대학)는 아사히신문과 마이니치신문, 요미우리신문, 니혼게이자이日本經濟신문(이하 전국지 4개)의 표제어 등을 조사한 결과 "이번 원자력발전소 사고 보도는 '다이혼에大本営 발표'〔태평양전쟁 당시, 일본의 군 통수기관이었던 다이혼에大本営가 전황이 악화되고 있던 일본의 사정을 정반대로 공표했던 데서 유래한 표현으로, '내용을 전혀 신뢰할 수 없는 허식적인 공식발표'의 대명사—옮긴이〕 보도이다, 발표 저널리즘이라고 비판받아도 어쩔 수 없는 내용이다"라고 서술하고 있다(《Journalism》, 2011년 8월, 39쪽).

반면, 아사히신문에는 '반反원전파'로 저명한 교토대京都大 원자로 실험소의 코이데 히로아키코이데 히로아키小出裕章 조교수의 논평이 3월 12일자로 게재되어 있다. 또한 같은 기사에 기술 평론가인 사쿠라이 아쓰시桜井淳 씨는 "최악의 경우, 노심융해로 이어진다. 그렇게 되면 피난의 범위는 최소한 20~30킬로미터, 50~100킬

표 1 원전 관련 보도의 정보원 유형별 분포

	1형	2형	3형	4형	5형	정보원 불명
아사히신문	7%	29%	13%	20%	18%	13%
마이니치신문	10%	29%	12%	26%	13%	11%
요미우리신문	5%	22%	17%	29%	16%	10%

출처: 하나다 연구실 동일본대지진 신문지면 조사 프로젝트

로미터는 필요하다"고 말하고 있다. '다이혼에 발표보도'가 아니라고 보는 것도 불가능하지 않다. 또한 스가와라 다쿠菅原琢 도쿄대 첨단과학기술연구센터의 특임 부교수는, 세가와 교수가 말한 ''용해'는 단지 단어 분석에서 표제어로만 한정되어 있을 뿐' 기사 내용 중에 사용된 경우는 찾아볼 수 없었다고 반박하며 "분석에 실패한 것 같다"고 말하고 있다(http://twitter.com/#1/sugawarataku/status/101536650185818114 외).

〈표 1〉은 3월 12일부터 3월 19일까지, 즉 지진 직후 8일간의 전국 3개 신문(아사히, 마이니치, 요미우리신문)의 원자력발전소 관련 보도의 정보원을 유형별로 분류한 것이다. 1형은 전력회사만, 2형은 정부 및 정계만, 3형은 전력회사 및 정부·행정 당국만, 4형은 '전력회사·정부·행정 당국'을 뺀 정보원만으로 구성된 기사, 그리고 5형은 전력회사 혹은 정보, 행정과 그 이외의 소스가 혼합되어 있는 것을 가리킨다. 4형에는 IAEA라는 국제기관 등도 포함된다. 기사 중에는 정보원을 알 수 없는 경우는 정보원 불명으로 처리했다. 또한 이 비율은 기사의 개수를 기초로 한 것이다(기사의 개수에 의한 분석은 조그마한 기사와, 특집기사처럼 한 면 전체를 사용한 기사가

그림 1 '다이혼에 발표보도' 유형의 기사 비율

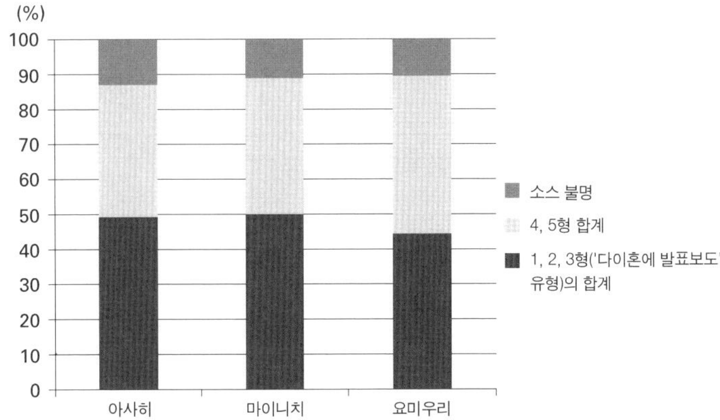

주: 하나다 연구실 동일본대지진 신문지면 조사 프로젝트 작성

동등하게 취급되어 계산되기 때문에, 이를 방지하고자 면적만 사용한 분석도 실시했다. 하지만 그 결과가 동일했기 때문에 여기서는 개수의 결과만을 소개한다).

말하자면 '다이혼에 발표보도'로 불리는 것은 1, 2, 3형의 합계이며, 긍정적이든 부정적이든 전력회사나 정부, 행정 의회의 정보원도 기초로 하고 있는 기사는 4, 5형을 합산했다. 〈그림 1〉은 각각을 합해, 여기에 정보원 불명확을 더하여 100%가 되도록 한 것이다.

확실히 정보원의 절반 가까이를 전력회사 및 정부, 행정 당국에서 얻고 있지만, 오히려 비슷한 비율로 다른 취재원을 통해 기사를 작성한 경우가 많았다는 점이 눈길을 끈다. 정보가 전력회사, 정부, 행정 당국에 집중되어 있던 사고 직후의 시기에도 불구하고, 다른 정보원에게서도 (정보를 얻어) 지면을 구성했다는 것을 엿볼 수 있다.

3 균형 속에 나타나는 '억제'

'죽음의 재'라는 단어의 사용

현 시점에서 되돌아보면 비교적 '냉정'한 보도로 보인다. 하지만 한편으로 당시 상황에서 보면 '억제적'인 보도라고도 볼 수도 있다.

예를 들면 아사히, 마이니치, 요미우리, 닛케이日經의 4가지 신문은 이번 원자력발전소 사고에 대하여 '죽음의 재'라는 단어의 사용을 분명히 회피했다. '죽음의 재'라는 단어는 원래 '방사성 낙진물'에 대한 단어지만, 단순히 핵분열 생성물이나, 방사성물질을 가리키는 단어로도 사용된다. 예를 들면, 1999년 이바라키현茨城県 도카이무라東海村 JCO 임계 사고〔1999년 9월 30일에 이바라키현 나하군那珂郡 도카이무라東海村에 소재한 스미토모住友 금속광산의 자회사인 핵연료가공시설 'JCO'가 일으킨 원자력 사고(임계사고). 일본 국내에서 처음으로 사고피폭으로 인해 사망자가 발생했다—옮긴이〕 때에도 "이번 사고는 '죽음의 재'로 대표되는 방사성 물질뿐만 아니라〔…〕"라는 기술이 있다(아사히신문 1999년 10월 2일 도쿄 석간 1면). '죽음의 재'라는 단어가 상징하고 있는 것은 우리들의 방사능에 대한 공포심이다. 우리들은 그만큼 방사능이라는 것을 두려워해야 하는 것으로서 생각하고 있다. 이러한 사람들의 감정이 '죽음의 재'(=방사성물질)라는 단어로 나타나고 있다.

이 '죽음의 재'라는 단어는 이 장의 집필시점(2011년 11월 6일)까지는 거의 사용되고 있지 않다. 요미우리신문에는 3월 28일 조간 30면에 '죽음의 재'라는 단어 자체는 있지만 '체르노빌 원자력발전소 사고'에 대해 사용하고 있다. 4개 전국지의 경우, 마이니치신문 10월 20일 석간이 이다 데쓰야飯田哲也 환경 에너지 정책연구소장의 "스트론튬은 소위 죽음의 재를 대표하는 물질"이라는 인용 발언 속에서 이번 사고에 관한 화제 중 '죽음의 재'를 사용했을 뿐이었다.

1986년의 체르노빌 원자력발전소 사고 당시에 신문은 '죽음의 재'라는 단어를 사용했다. 체르노빌에서 나온 방사성물질은 일본에서도 검출되어, 홋카이도北海道 등에서 방사성 요오드가 검출되었다. 당시의 과학기술청은 "지금 시점에서 건강에 영향을 줄 만한 수치는 아니다"라고 지금과 비슷한 발표를 했다. 그래도 '죽음의 재'라는 단어는 지면에서 사라진 것이 아니다(예를 들면, 아사히신문 1986년 12월 28일 도쿄 조간 〈'체르노빌'은 남의 일인가(원전과 인간 · 기자 좌담회)〉 등). 특히 아사히신문은 체르노빌 당시에는 빈번하게 '죽음의 재'라는 단어를 사용했지만, 이번 원자력발전소 사고 때에는 일절 사용하지 않았다.

보도자제의 부작용

보도기관은 '패닉'이나 '소문에 의한 피해'를 경계했다고 비판받고 있다. 10월 15일부터 1주일간은 소위 '신문주간'이라고 불리는 기간이다. 이 기간에 각 신문사는 원자력발전소 관련 보도를 검증하고 있다. 그중에서 비교적 초기 단계의 보도에서 요미우리신문은 "인터넷 등에서 공포심을 부채질하는 듯한 정보가 많았지만, 정부나 도쿄전력의 관계자의 취재 및 방사선의 전문가 분석을 더해 정확한 정보를 모아, 냉정한 대응을 하려고 애썼다"라고 쓰고 있다. 그리고 아사히신문은 "패닉을 일으키지 않을 만한 지면작성에 신경을 썼다"라고 쓰고 있는데, 흥미로운 점이 아닐 수 없다.

아사히신문의 스기우라 노부유키杉浦信之 편집국장은 우리와의 인터뷰에서, "진실을 기록해서 패닉이 일어나는 것을 우리들은 두려워하지 않는다. 오히려 진실을 쓰는 것이 패닉을 일으키지 않을 것이라고 생각한다. 패닉을 일으키지 않기 위해서 진실을 감추는 행위는 하지 않았으며 지금도 해서는 안 된다고 생각한다"고 대답했다.

요미우리신문의 아사미 다모쓰浅海保 편집국장(2011년 6월 6일까지 주오고론中央公論 신문사장)도 인터뷰에서, "전체적으로 소위 불안을 부채질하는 일은 하지 않기로 했다. 부채질해서는 안 된다는 것이 대방침이지만 불안을 부채질할 염려가 있다는 것만으로도 펜을 꺾는다든지, 진실을 왜곡하는 일은 없다"고 대답했다.

실제로 무언가의 '사실'을 은폐한 적은 없었을 수 있다. 하지만 '불안을 부채질하지 않겠다'는 것은 표현에 나타나 있다. 그리고 이것이 '무언가를 감추고 있다'라는 의심을 낳을 가능성이 없다고는 할 수 없다.

지면에 '죽음의 재'라는 단어가 나타나지 않았던 것은, 센세이셔널한 글이나 정보가 실리면 '불안을 부채질한다'고 생각했기 때문일 것이다. 하지만 우리들 독자는 그 정도로 단순하지 않으며, 패닉은 그렇게 간단히 일어나는 것이 아니다.

각 신문사도 자주 인용하는 ICRP(국제방사선방호위원회)는 패닉에 대해서 어떻게 서술하고 있을까?《ICRP Publication 96 방사선 공격 시의 피폭에 대한 공공 방호》에서 소개하고 있다. 덧붙여서 이 책은 사단법인 일본 앙케트 협회가 '이 책은 이번과 같은 방사능 사고와 같은 긴급사태에도 유효하다'라고 하며 어느 기간까지 무상 배포, 그 후 전문을 PDF로 기한일까지 공개하고 있다(http://www.jrias.or/index.cfm). 그런데 이 책의 〈2.2.2 대중의 인식〉에는 방사선 사고보다도 "방사선 공격이 더 큰 위험을 일으킨다는 것이 일반 대중의 인식일지도 모른다. 이와 같은 느낌은 또한 실제 위험 시의 통상적인 반응을 훨씬 뛰어넘는 대중의 불안을 일으키기도 한다"고 말하고 있다.

게다가 〈2.2.4 숨겨진 상황〉의 항목에서는 "어느 특정 상황에서의 대중의 반응은 충분히 조사된 적은 없지만"이라고 유보하고 있으면서 "과거의 긴급사태에서의 대중의 반응에 의하면 일반 대중은 패닉에 빠지지 않으며, 또한 어쩔 수 없이 큰 패닉이 일어날 가능성은 역사상 실증되지 않은 듯하다"고 쓰여 있다. 신문사가 염려한 패닉의 구체적인 가정은 분명하지 않다. 이것이 패닉에 대한 ICRP의 견해이다.

그렇다면 매스미디어가 내보내는 정보를 우리들은 어느 정도까지 받아들여야 하는 것일까. 아주 단순화한 미디어 연구의 성과를 정리하면 다음과 같은 몇 가지 견해로 변화해 왔다는 것을 알 수 있다. 우선 매스미디어의 의도를 말 그대로 우리들이 받아들인 다는 강한 효과설, 다음으로 매스미디어의 영향력에는 한계가 있다는 한정 효과설, 그리고 매스미디어의 영향력은 일정 정도 있지만 받아들이는 사람은 다양한 해석을 한다는 복합 영향설로 변동해 왔다. 따라서 정보의 수신자인 우리들이 매스미디어의 의도대로 해석을 한다고는 할 수 없다.

우리들은 신문의 기사를 문자 그대로 받아들이지 않는다. 우리들에게 신문은 수많은 정보원 중 하나일 뿐이다. 그리고 신문이 이러한 사실을 보도하는 것과 동시에, 어떻게 보도하고 있는가와 같은 것도 함께 보고 있다.

예를 들면 지면에 '죽음의 재'와 같은 단어를 사용했다고 치더라도, 문자 그대로 '죽음의 재가 내리고 있다'며 패닉에 빠질 리 없다. 오히려 '죽음의 재라는 단어를 사용한다는 것은 그만큼 방사성 물질에 대하여 민감하게 대응해야만 하는 것이다'와 같은 메타 메시지를 읽을 수 있다. 반대로 '죽음의 재'라는 단어가 지면에서 일절 사라진다면 '왜, 그 단어가 사용되지 않을까?'라는 데 대한 억측을 낳게 된다. 혹은 방사성 물질 등에 관한 신문사와 견해의 '엇갈림'을 느낄 수 있게 된다.

실제로 후쿠시마 원자력발전소에서 작업해 왔던 도쿄전력 사원의 피폭선량의 문제에 대하여 아사히신문은 '급성 증상이 나타나는 1000mSv 피폭까지는 가지 않을 것 같다'라는 기사를 썼는데 이에 대해《뉴스위크*Newsweek*》일본판 2011년 6월 15일호에서 아즈마 히로키東浩紀 씨는 '신문의 표현을 통해 일본에서의 방사성물질에 대한 안이함을 느낄 수 있다'라고 비판한 것을 소개하고 있다.

4 '회사'로서의 대응을 질문받는 신문사

이번과 같은 경우, "매스미디어는 방사능이 두려워 도망쳤다"라고 비판받고 있다. 기자의 안전을 회사가 생각하는 것은 지극히 당연한 일이다. 하지만 "'안전'하다고 하면서 자신들은 피난"(우에스기 다카시上杉隆 · 우가야 히로미치烏賀陽弘道, 《보도피해報道災害》, 54-59쪽)했다고 한다면 신뢰를 잃게 된다. 주간지나 인터넷에서는 통신사나 방송국, 신문사 등 각종 매스미디어가 '도망쳤다'라고 비난하는 소리가 4월경에 나오게 된다(《週刊新潮》, 2011년 4월 14일호나, '다나카 류사쿠저널田中龍作ジャーナル', http://tanakaryusaku.jp/2011/04/0002154).

요미우리신문은 3월 13일 조간에 "제1원자력발전소에서의 피폭량 〔…〕 단기간에는 영향 없음"이라는 표제어로 "단기간의 피폭은 건강에 영향을 미치는 레벨이 아니다. 가령 정문 부근에서 1시간 방사선을 쬐도 도쿄와 뉴욕 사이를 항공기로 4회 왕복한 정도의 방사선 양과 같다"고 쓰고 있다.

아사히신문은 3월 16일 조간에 나카가와 게이치中川恵一 도쿄대학 부교수의 "100밀리시버트 이하라면 건강상의 문제가 되는 레벨이 아니다. 후쿠시마 제1원자력발전소에서 멀리 떨어진 장소에서 측정되고 있는 매 시간 수 마이크로시버트(1밀리시버트는 1천 마이크로시버트)의 방사선량이라면 건강에 영향이 없다고 생각해도 좋다. 장기적으로도 건강에 영향을 주는 레벨에 다다를 것이라고는 생각하기 어렵다"라는 견해를 게재하고 있다.

기사만 읽었을 때는 기자가 피난할 필요성이 없다고 생각할 수 있다. 하지만 아사히신문의 스기우라 노부유키杉浦信之 사업본부장 겸 보도국장(당시)은 "'큰일이다'라는 강한 위기감을 가진 것은 3월 12일 오후의 1호기의 수소폭발이었다. 밤이 되자 정부는 피난 지시를 원전에서 반경 20킬로미터까지 확대하였으나, 그 후에 회사는 체르노빌 사고에서의 피난과 같은 반경 30킬로미터 내에 접근하지 말고 실내 취재를 중심으로 하라고 후쿠시마의 기자에게 지시하였다"(아사히신문 10월 15일 도쿄 조간)라고 말했다.

신문사는 정부의 발표를 전달함과 동시에, 그것을 믿지 않았다. 이것은 신문사에 대한 신뢰를 떨어뜨리는 것으로 이어지는 것은 아닐까 한다. 다시 말하지만, 기자의 생명이나 안전을 신문사가 고려하는 것은 당연한 것이다. 그 자체는 전혀 비난받을 것이 아니다. 그렇지만, 정부 발표보다도 자사의 '안전권'을 넓게 잡고 있다면, 그것을 공표해야만 하지 않았을까?

어째서 기자들이 피난했던 것을 당시 공개하지 않았던 것일까. 이 점을 스기우라杉浦 씨에게 직접 묻자 "30킬로미터권에서 나가라고 한 것을 보도하는 것이 좋을 것이라는 의견도 있었다"고 하며, "순식간에 사태가 수습된다면 우리들은 다시 그곳으로 가야 했다. 그것을 매회, 아사히신문은 몇 킬로미터 권에서 취재를 하고 있으며, 다음에는 이렇게 취재하려고 한다고 취재방식을 일일이 설명하는 것은 곤란하다. 그리고 또 하나, '아사히신문의 기자는 몇 킬로미터 권 안에서의 취재는 하지 않는다'고 말하는 것 자체가 어떠한 반응을 일으킬 것인가를 우리들은 고려하지 않으면 안 된다"고 대답했다.

한편, 요미우리신문에 따르면 3월 12일, 과학부의 사토 도시아키佐藤俊彰 기자가 후쿠시마 제1 원자력발전소의 '정문 바로 앞의 견학자용 시설까지' 가 보았다(요미우리신문사,《기자는 무엇을 보았는가—3·11 동일본대지진》, 주오고론샤中央公論社, 2011). '수치조작'이 행해지고 있는 것을 알고, 사토佐藤 기자는 주민과 함께 피난했다. 사토 기자는 "가족의 얼굴이 뇌리에 스쳤다"고 당시의 일을 회고하며 글을 썼다. 하지만 다음 날 13일의 요미우리신문은 먼저 소개한 "도쿄와 뉴욕 사이를 〔…〕"과 같은 기사를 게재했다. 사토 기자의 실제 느낌과 너무나도 차이가 나는 표현이었다. 그리고 이 '차이'에는 또한 독자가 느끼는 감각의 차이와 겹치는 부분이 있는 게 아닐까.

5 앞으로의 보도

후쿠시마 원전 사고는 '비상사태'였다. 비상시에 신문사는 '신문'사라는 입장이 아니라. 신문'사'라는 개별 회사로서 어떤 저널리즘을 실현할 것인가와 같은 것이 문제가 되는 것이 아닐까 한다. 사람들이 신문사의 '안전기준'에 대하여 관심을 갖는 것은 그 때문이다. 우리들은 신문사를 '지면'을 통해서만 판단하지 않고, 신문'사'로서의 태도를 포함하여 판단의 재료로 생각하고 있는 것이다.

인터넷 등에 의해 우리들은 다양한 정보에 접근할 수 있게 되었다. 독자의 정보 수집 능력은 이전과 비교해서 향상되고 있다. 더구나 원자력발전소 사고와 같은 '비상사태'가 일어나면, 우리들은 가능한 스스로 정보를 모으려고 하며 신문과 그 외의 미디어를 비교하며 생각한다. 이때, 신문이 자제하는 듯한 보도자세로 자사의 대응을 공표하지 않으면, 우리들은 신문에 대해 회의적이 되기도 한다.

첫머리에 인용한 '희망'을 말한 아즈마 히로키東浩紀 씨는 자신이 편집장으로 있는 잡지 《사상지도β》(vol. 2, 2011년 9월 1일)의 서문에서 "지진으로 인해 우리들은 조각나고 말았다"고 썼다. 미디어는 조각난 사회를 연결하는 역할로서 매우 중요한 역할을 담당한다. 아사히신문은 이번 원자력발전소 관련 보도검증에서 사고 직후의 대응을 구체적으로 공표하였다. 그것은 매우 평가받을 만한 것이다. 이것은 아사히신문이 자사의 대응 그 자체가 '검증의 대상'으로서 받아들여질 것을 알고 있었다는 것이다. 앞으로도 이러한 정보공개가 긍정적으로 검토되길 바란다.

현재 사업본부장 겸 편성국장인 스기우라 노부유키杉浦信之 씨는 2011년 11월 28일 인터뷰 중 "일본의 원전에서 체르노빌과 같은 사고가 일어날 일이 없다고 막연하게 생각했겠지만, 이렇게 장기간, 저선량이라고는 해도 세상에 큰 영향을 줄 수 있는 피폭지역이 이렇게 광범위로 생겨날 것이라고 상상해 본 적은 없었다고 생각한다"고 말했다.

요미우리신문의 아사미 다모쓰浅海保 편집국장도 "나는 현장에 없었기 때문에 책임을 가지고 대답할 수는 없다. 이것은 어디까지나 추측이지만"이라고 양해를 구한 다음에 "감히 말하자면, 일본에서 체르노빌급의 사고가 일어나지 않을 것이라고 생각하고 있었던 것일지도 모른다"고 인터뷰에 답했다.

이번과 같은 사태는 신문사로서도 '가정해 보지 못했던 일'이었다. 장기간에 걸쳐 저선량 피폭을 받으며 취재하는 매뉴얼은 주어지지 않았다. 그중에서도 아사히신문은 변해 가는 정부 발표보다도 자사의 축적된 지식을 살려 조기에 '30킬로미터권 밖'에서 실내 취재를 기자에게 지시했다. 한편 요미우리신문은 갈 수 있는 곳까지 가서 3월 12일 후쿠시마 제1원자력발전소 정문 앞까지 발을 들여놓은 기자도 있었다.

각 신문사는 미증유의 위기에 다양한 대처를 했다. 어떻게 대응해야 했는가에 '정답'이 있을 리가 없다. 단지 어떻게 대응했는가와 같은 사실 등이 명확해야 한다는 것이 중요한 것이다.

아사미 편집국장에 의하면 요미우리신문은 "JCO 임계사고 이후 2003년의 원자력사고 취재 매뉴얼을 만들었다. 취재 활동 시의 방사선 피폭한도는 누적 0.5mSv로 이 수치가 되면 바로 피난하는 것으로 정했다. 이것은 도카이무라東海村의 사고 발생 후 만든 것으로, 단기적인 피폭을 가정하고 있는 것이다. 낮은 방사선량으로도 장기간의 취재는 생각할 수 없었다. 금번 이후에는 정부가 피난의 기준으로 제시한 연간피폭선량 20mSv로 운용하고자 하고 있다"고 했다.

이 기준은 어디까지나 인터뷰 때(2011년 12월 8일)의 요미우리신문의 기준이다. 아사미 편집국장도 "이 기준도 정세의 변화에 따라 수정할 수도 있다"고 말한다. 아직 수습되지 않은 사태를 접하고 신문사도 우왕좌왕하고 있을 것이다. 앞에서 말한 아사히신문의 스기우라 편성국장의 인터뷰에도 나와 있는 것처럼 기준은 어디까지나 잠정적인 것에 지나지 않는다.

분명히 잠정적으로 결정된 각 신문사의 내부 안전기준을 차례로 지면을 통해 보고하는 것은 곤란할지도 모른다. 하지만 특히, 사고 직후는 이러한 정보라도 독자에게는 하나의 '정보'로서 도움이 되지 않았을까? 만약 공표했다면 적어도 '도망쳤다'라고 비판받는 일은 없었을 것이다. 예를 들면 지면에 쓰는 것이 곤란하다면 '당사에는 잠정적으로 이러한 기준으로 취재를 하고 있습니다'라고 홈페이지에 게시했다면 되지 않았을까?

이번과 같은 비상사태에 신문사는 '취재자'이면서 동시에 '당사자'이기도 하다. '당사자'로서의 신문사는 어떠한 기준을 채택하고 있는가를 분명히 하는 것은 망가진 신뢰를 되찾는 것과 동시에, 독자에게 유익한 '정보'를 전달해 주는 것이기도 하다.

원전 20킬로미터 권으로부터 벗어나는 방호복 차림의 대원
(미나미소마 시, 4월 26일, 로쿠다 유이치 촬영)

데자와 고스케出津広介

1 플루서멀 발전기 사고

'무언가'가 보도되고 있지 않다

후쿠시마현의 외가가 무사하다고 확인된 것은 지진이 있고 3일 정도 지났고 나서였다.

계속해서 재해지역의 현 상태가 보도되지 않았지만, 외가가 있는 후쿠시마 니혼마쓰 시二本松市의 구 이와시로마치旧岩代町 고하마 지구小浜地区가 어떤 상황인지, 당시에는 전혀 알 수가 없었다. 집은 산간부에 위치하고 있어서 쓰나미의 염려는 없었지만, 지진에 의해 토사 붕괴가 발생하여, 지구 전체가 고립되어 있는 건 아닐까 하는 불안, 그리고 후쿠시마 제1원자력발전소의 사고에 의해, 오염물질이 친척의 집까지 도달한 것은 아닐까 하는 불안, 아무것도 모른 채

단지 불안에 떨어야만 했다.

전화기를 통해 "정전과 단수가 되었고, 가옥도 조금 파괴되었지만, 가족은 전원 무사하다"라는 소식을 듣고 나서야 나는 가슴 깊이 안심할 수 있었고, 그때의 느낌은 지금까지도 기억에 생생하다. 하지만 방사능 오염은 괜찮은지 물었을 때 어머니는 이렇게 대답하며 말을 흐리셨다.

"도쿄에는 (후쿠시마 제1원자력발전소) 3호기가 다른 원전과 달리, 플루서멀 발전이라는 점이 그다지 보도되지 않았나 보네…"

자세히 들어보니, 후쿠시마 제1원자력발전소 3호기는 다른 1호기나 2호기와 달리 플루서멀 발전이기 때문에, 그 지방 사람들은 3호기에서 플루토늄이 누설된 것은 아닌가 하고 불안해하고 있다는 것이었다.

플루토늄이란?

플루토늄은 다른 방사성 물질과 비교할 때, 2만 4100년(플루토늄 239)이나 되는 긴 반감기를 갖고 있는 것이 그 특징이다. 일반적으로 방사성물질은 반감기가 짧을수록, 일정 시간에 방출되는 방사선은 강해지고, 반대로 반감기가 길수록 그만큼 방출되는 방사선은 약해진다. 플루토늄은 반감기가 약 2만 년으로 길기 때문에, 일정 시간에 방출되는 방사선은 비교적 적어 외부피폭 시에 그만큼 문제가 없다.

그러나 플루토늄이 체내에 축적되어 내부피폭이 일어난 경우, 이야기는 크게 달라진다. 왜냐하면 플루토늄은 "α(알파)선"을 방출하는 방사성물질이기 때문이다. 방사선에는 X선이나 α선, β(베타)선, γ(감마)선, 중성자선 등 다양한 종류가 존재하지만 이 α선은 투과력이 약하여, 종이 1장만 있으면 막을 수 있는 성질을 가지고 있다. 이 α선을 방출하는 플루토늄을 약간만이라도 체내에 흡수하게 되면 플루토늄에서 방출되는 방사선은 체외로 투과되지 못하고 오랜 시간 동안 직접 세포에 영향을 주기 때문에, 높은 확률로 암을 유발시킬 가능성이 있다. 일반적으로 같은 정도의 에너지를 방사선에서 받을 경우, α선을 발생시키는 방사성물질 β선이나 γ감마선을 방출하는 물질보다도 20배에 가까운 피폭량을 주게 된다.

또한 α선을 방출하는 방사성물질의 대표적인 것으로는 우라늄이나 토륨을 들 수 있는데, 이 물질들은 플루토늄과 비교해서 반감기가 더 길다. 우라늄은 7억 년, 토륨232는 141억 년이다. 이들 α선을 방출하는 방사성물질과 비교해보면 2만 4100년의 플루토늄(플루토늄 239)은 반감기가 매우 짧은 편에 속한다. 즉, 무게당 피폭량으로 비교해 보면 플루토늄은 다른 α선을 방출하는 방사성물질보다도 압도적으로 피폭량이 많다는 것이 된다. 이러한 까닭에 일부의 전문가들 사이에서 플루토늄은 인류 역사상 최고의 맹독이라고 일컬어지기도 한다(고이데 히로아키小出裕章 조교수 〈플루토늄이라는 방사능과 그 피폭의 특징〉, 교토대학京都大学 원자로실험소, http://www.rri.kyoto-u.ac.jp/NSRG/kouen/Pu-risk.pdf 2012년 1월 18일).

플루서멀

후쿠시마 제1원자력발전소 3호기는 플루서멀〔플루서멀pluthermal은 플루토늄PLUtonium과 열중성자로THERMAL neutron reactor의 일본식 합성어로, 자세한 내용은 본 장의 설명 참조—옮긴이〕 발전을 하고 있었다. 플루서멀 발전이란 사용이 끝난 각 핵연료에 1%정도 포함되어 있는 플루토늄과 원전의 연료로 사용되는 우라늄을 혼합한 MOX 연료를 이용하는 발전방식이다. 이 MOX 연료에는 사용이 끝난 핵연료보다 고농도인 약 4~9% 정도의 플루토늄이 함유되어 있다(〈일본 원자력발전 연료—MOX 연료란 무엇인가〉, 2012년 1월 18일). MOX 연료 사용에 의해 ① 국제문제가 되고 있는 일본의 플루토늄 대량 확보의 문제를 조금이라도 해결하고, ② 국제경쟁에 의해 확보가 어렵게 된 우라늄의 이용도 절감할 수 있게 되며, 이를 통해 ③ 또한 지구 온난화 대책으로 연결되는 등의 효과가 기대되었다.

하지만 플루서멀 계획을 추진한 국가와 전력회사의 부정 및 실수가 다발하여, 각 지방자치단체의 플루서멀에 대한 불신감이 커져만 갔다. '도카이무라 JCO 임계사고'나, 간사이전력關西電力 다카하마高浜 원자력발전소의 MOX 연료 데이터 조작, 그리고 도쿄전력의 잇따른 원전 점검 데이터 기록 위조와 장애 은폐가 있었으며, 또한 원전 하청 사원의 부정 고발을 공개하기까지 2년이 걸린 보안원의 자세(2003년 10월 16일 아사히신문 조간 3면 〈게이 스가오카ケイ・スガオカ 씨, 도쿄전력의 원전 문제 은닉을 내부고발하다〉)도 문제가 되었다. 이에 따라 후쿠시마현에서는 국가나 도쿄전력에서 추진하는 원전정책을 '이미 짜여진 각본대로 멋대로 진행되는 원전정책'이라고

비난하면서, 플루서멀을 수용하지 않을 것을 의회에 표명할 정도였다.

하지만 후쿠시마현 전 지사가 부정부패 혐의로 체포된 후, 후쿠시마에서는 플루서멀 문제가 보류되었으며, 이윽고 정부에서는 원전정책을 추진하기에 이르게 된다. 그리고 후쿠시마현은 2010년에 플루서멀을 수용하겠다는 의사를 밝혔고, 국내에 플루서멀 발전소가 후쿠시마 제1원자력발전소 3호기에 설치되게 된 것이다(사토 에사쿠佐藤栄佐久, 《후쿠시마 원자력발전소의 진실》, 헤본샤신서平凡社新書, 2011).

2 전국지의 플루토늄 관련 보도

서론이 길어졌으나, 이제부터 본론으로 들어가서 아사히, 마이니치, 요미우리의 전국지 3개 신문이 후쿠시마 제1원자력발전소 사고 시 플루토늄에 관해 어떻게 취재하고 보도했는가를 비교 및 검증하고자 한다.

〈그림 1〉은 2011년 3월 12일부터 4월 11일까지, 1개월 사이에 한 번이라도 '플루토늄'이 언급된 기사의 수를 나타낸 데이터이다. 이를 통해, 플루토늄이 실제로 검출되었다고 보도된 3월 29일까지, 플루토늄에 관해 언급한 기사는 전국지 3개사 모두, 매우 적었음을 확인할 수 있다. 그렇다면 실제 기사의 내용은 어떠한가.

아사히신문과 요미우리신문은 원자력발전소 사고 후인 3월 13일

그림 1 '다이혼에 발표보도' 유형의 기사 비율

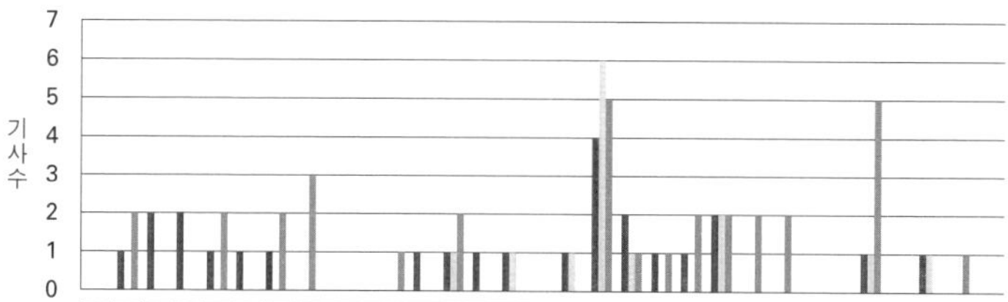

	3/12	3/13	3/14	3/15	3/16	3/17	3/18	3/19	3/20	3/21	3/22	3/23	3/24	3/25	3/26	3/27	3/28	3/29	3/30	3/31	4/1	4/2	4/3	4/4	4/5	4/6	4/7	4/8	4/9	4/10	4/11
아사히	0	1	2	2	1	1	1	0	0	0	0	1	1	1	1	0	1	4	2	1	1	2	0	0	0	0	1	0	1	0	0
마이니치	0	0	0	0	0	0	0	0	0	0	0	0	1	0	1	0	1	6	1	0	0	2	0	0	0	0	1	0	1	0	0
요미우리	0	2	0	0	2	0	2	3	0	0	1	0	2	0	0	0	0	5	1	1	2	2	2	2	0	0	5	0	0	1	0

주: 조간, 석간, 호외를 포함. 기사 수는 모두 도쿄판으로 집계

에 플루토늄에 관해 처음으로 언급했다. "후쿠시마 제1원자력발전소 3호기가, 플루토늄을 섞은 MOX 연료를 사용하는 플루서멀 발전을 실시하고 있었다"(2011년 3월 13일 아사히신문 석간 호외 1면)고, 3호기가 플루서멀 발전이었다는 사실을 타 신문보다 빠르게 기사화했다. 그 외에도 "사용이 끝난 핵연료에 포함된 독성이 강한 플루토늄이 흘러나올 가능성이 있다"(2011년 3월 14일 아사히신문 조간 3면), "플루토늄 등은, '킬레이트제chelating agent'〔방사성 물질을 섭취하거나 노출되어 방사성 물질에 의한 피폭 피해를 입은 경우, 위장이나 폐의 세정, 외과적 수술, 특히 약제에 의한 체외제거가 중요한 처치방법이 되는데, 플루토늄 및 아메리슘과 같은 방사성물질의 경우, 킬레이트제가 사용된다—옮긴이〕를 마시게 하거나 링거주사로 주입한다"(2011년 3월 16일 아사히신문 조간 6면), "플루토늄이 인체에 대량으로 흡수되면 암 등의 심각한 피해를 초래한다"(2011년 3월 19일

요미우리신문 조간 29면) 등과 같은 문맥 안에서 플루토늄이 기사에 등장한다.

그리고 플루토늄은 원자력발전소에서 사용이 끝난 핵연료에도 포함되어 있는데, 사고 초기, 후쿠시마 제1원자력발전소의 3호기의 사용이 끝난 핵연료에서 플루토늄이 흘러나왔을 가능성, 그리고 플루토늄을 흡입한 경우의 처방 방법에 관해서도 약간이나마 기사회되었다.

3 지방지의 사설

한편 지방지는 이번 원자력발전소 사고를 맞아, 플루토늄에 관해 어떤 식으로 보도하고 있는 것일까. 후쿠시마민유福島民友지는, 아사히신문이나 요미우리신문 등과 같이 3월 13일에 "이 중에서 3호기는 장비의 노후화에 대한 대책이 필요한 원전으로는 처음으로 플루서멀 발전이 실시되고 있다"고 플루서멀에 대해 기사화했다(2011년 3월 13일 조간 3면). 한편 후쿠시마민보福島民報도 3월 14일에 플루서멀에 대해 기사화한 후(2011년 3월 14일 조간 1면), 실내대피 권역이 30킬로미터까지 확대되었다는 것을 전한 3월 16일의 기사에서 "독성이 강한 플루토늄이 대량 포함되어 있는 사용이 끝난 핵연료가 손상되어, 강한 방사성물질이 밖으로 확산될 위험성이 있어, 정부 및 도쿄전력은 신속한 대응을 하고 있다"(2011년 3월 16일 조간 1면)고 플루토늄 확산의 우려에 관해 언급하고 있다. 또한 후쿠시마민유도 사용이 끝난 핵연료 풀pool의 수위가 줄어들고 있다고 보도한 3월 18일의 기사에서 "최악의 경우 연료가 녹아, 맹독물질인 플루토늄이나 극히 높은 레벨의 방사성물질이 방출될 위험이 다가오고 있다"(2011년 3월 18일 조간 3면)고 보도했다.

후쿠시마의 지방지도, 전국지와 마찬가지로 3호기가 플루서멀 발전이었다는 점, 그리고 사용이 끝난 핵연료에서 플루토늄이 흘러나올 위험이 있다는 것 등을 중심으로 플루토늄에 관해 보도하고 있다. 후쿠시마민유는 사설 등을 통해 3호기가 플루서멀 발전이었다는 것을 많이 언급했다.

> 3호기는 사용이 끝난 핵연료에서 플루토늄을 추출한 후, 이를 우라늄과 혼합해서 구워 굳힌 혼합 산화물(MOX)을 연료로 하는 플루서멀 발전을 실시하고 있었다. 연료의 일부 플루토늄은 반감기가 길고 또한 독성이 강하다. (2011년 3월 14일 조간 사설 〈원전 비상 사태, 일각의 유예도 없는 긴급대처〉)

> 3호기는 플루서멀 발전에 사용하는 핵연료의 노출뿐 아니라, 사용이 끝난 핵연료의 냉각기능도 현저히 저하하고 있는 것으로 보인다. 〔…〕 3호기는 사용이 끝난 핵연료에서 나온 플루토늄과 우라늄을 혼합한 혼합산화물(MOX)을 연료로 하고 있다. 플루토늄은 독성이 강하고 반감기도 길다. (2011년 3월 18일 조간 사설 〈사고 원전에 방수 위기 상황 개선을 절실히 바란다〉)

> 원전 중 하나인 제1원자력발전소 3호기의 플루서멀 발전기도 작년에 수용했다. 독성이 매우 강한 플루토늄과 우라늄을 혼합한 혼합

산화물(MOX)을 연료로 하고 있어 한층 높은 위험을 안고 수도권의 전력수요를 공급해 왔지만, 그 결과로 인해 현이 위험과 곤란에 처해 있다. (2011년 3월 21일 조간사설 〈물자와 연료의 부족이 심각하다. 재해지역의 부담을 경감할 수 있는 협력이 요구된다〉)

전국지 3개의 신문에서 3월 12일부터 4월 11일까지의 1개월간 '플루토늄'이나 '플루서멀'을 언급한 사설은 없었다. 이를 통해 후쿠시마현의 지방지가 전국지보다도 플루토늄이나 플루서멀을 주시하고 있음을 알 수 있다.

4 패닉의 억제인가, 피폭의 저지인가

사고 전년 후쿠시마 제1원자력발전소 3호기의 플루서멀 발전 개시 뉴스는 후쿠시마현 주민들의 큰 관심사 중 하나였다(민유넷みんゆうNet 선정, 2010년 현県 내 10대 뉴스). 이 3호기가 수소폭발을 일으켰을 때 많은 주민들이 플루토늄의 피해를 염려한 것은 자명한 일일 것이다. 해외의 연구자들도 플루서멀 발전의 폭발사고와 플루토늄의 확산 및 흡입이 가장 위험한 사태라고 지적하면서, "만약 '지금은 위험하지 않다'고 들었다면 가능한 멀리, 가능한 빨리 도망가라라고 말할 정도였다"(오누마 야스시大沼安史, 《세계가 본 후쿠시마 원전재해》, 료쿠후출판緑風出版, 2011, 52-55쪽).

확실히 플루토늄 확산 가능성에 대해서 정확히 확인되지 않았던 당시의 상황과, 긴급도가 높은 다른 취재 기사와의 비교, 그리고 신문사에게 독자적으로 플루토늄을 조사할 수 있는 능력이 없었다는 점을 고려할 때, 전국지의 기사 수나 기사 내용은 타당하다고 할 수 있다. 정확한 정보가 없는 상태에서의 추측 및 가능성에 근거한 보도는 국민에게 쓸데없는 불안과 패닉을 부채질하게 될 우려가 있기 때문이다. 극소량의 흡입으로도 암을 유발한다고 일컬어지는 플루토늄 정도의 사안이라면, 더욱더 정보의 전달에 신중해야 하는 것도 무리는 아니다.

하지만 패닉을 방지하기 위한 이런 신중한 보도는, 도시에 사는 사람들에게만 해당되는 것이 아닐까 생각된다. 요미우리신문은 3월 28일의 플루토늄 검출에 대하여 후루카와 미치아키古川路明 명예교수(나고야대 방사화학)의 다음과 같은 언급을 게재했다.

> 원자로의 파괴된 핵연료봉에서 물과 함께 밖으로 흘러나왔을 것이다. 단지 검출된 것이 극소량이었을 뿐이다. 플루토늄은 휘발성이 없기 때문에 멀리까지는 날아가지 못하기에 그 영향은 적을 것이다. 플루토늄은 피부에 스며들면 위험하지만 주위에 확산되는 물질은 아니라고 생각한다. (2011년 3월 29일, 요미우리신문 조간 1면 〈후쿠시마 제1 원자력발전소 플루토늄 미량 검출, 부지 내의 토양에서〉)

현재 플루토늄은 원전에서 40킬로미터 정도 떨어진 이타테무라飯館村에서도 검출되고 있다(2011년 10월 1일 요미우리신문 조간 39면). 체르노빌 사고에서도 플루토늄의 직격을 받은 오염지역은 30킬로미터 권내까지 퍼져 있었다(히로카와 류이치広川隆一, 〈체르노빌에서 후쿠시마로〉, 미디어 총합연구소·연구 레포트 편집위원회 편, 《대지진, 원자력발전소 사고와 미디어》, 오쓰키쇼텐大月書店, 2011, 63쪽). 플루토늄이 원자로 이외의 장소에서 검출되었다고 판명된 그 순간에도 플루토늄을 흡입하고 있던 후쿠시마현의 주민이 어디로 이동했을지는 그 누구도 모를 일이다. 이와 같은 것과 상관없이 패닉을 방지하는 것이 우선이라고 생각하는 사고방식을 엿볼 수 있는 이와 같은 보도 자세는 피폭의 공포에 떨고 있을 후쿠시마현의 주민을 전혀 고려하지 않는 태도라고 할 수 있다.

지방지인 후쿠시마민유나 후쿠시마신보는, 플루토늄 검출 때에 "원자로 등의 고온상태가 계속되면 연료가 녹기 시작하여, 플루토늄의 확신이 진행되는 최악의 사태로 이어질 수 있다"고 입을 모아 경종을 울렸다(2011년 3월 20일 후쿠시마민유 조간 3면, 2011년 3월 30일 후쿠시마민보 조간 2면). 검출된 플루토늄이 건강에 해악을 미칠 정도가 아니라고 해도 주민의 안전을 지키기 위해, 그리고 만일을 대비하기 위해서라도 최악의 사태를 가정한 기사를 썼던 것이다. 하지만, 그것이 독자들에게 어떻게 전달되었는가는 아쉽지만 여기서는 실증할 수 없다.

단지, 이 확산된 플루토늄의 흡입에 의해 훗날 암에 걸린 사람이 발생한다면, 그때는 사고 당시의 플루토늄의 확산 가능성이나 위험성을 충분히 보도하지 않은 전국지도 그 일부분의 책임을 지지 않으면 안 된다. 플루토늄 흡입을 알고 난 뒤, 혹은 플루토늄이 검출되고 난 뒤는 이미 늦다.

이번 원자력발전소 사고에서 방출된 플루토늄에 의해 실제로 암환자가 발생할지 어떨지는 지금부터 수십 년이 지나고 나서야 분명해질 것이다. 그때, 플루토늄이 이슈화되지 않기를 바라며, 나는 지금부터라도 후쿠시마 제1원자력발전소 사고에 관한 신문사의 플루토늄에 대한 언급에 관해 주시하고자 한다.

제 6 장

사진 분석을 통해 알아본 신문기자의 갈등

—보도의 사명이 우선인가, 신변안전이 우선인가

행방불명자를 수색하는 자위대원
(이시마키 시, 4월 2일, 로쿠다 유이치 촬영)

히라이 도시카즈平井紀一

1 왜 사진 분석인가

나는 지진 관련 기사에 게재된 사진에 대해 깊은 관심을 가지고 있었다. 사진은 신문의 지면에서 시각적으로 정보를 제공하는 수단이며, 참극의 실정을 직접적으로 호소하기 위하여, 혹은 독자에게 충격을 전달하기 위한 가장 효과적인 매체이다. 그와 동시에 이를 기사로서 게재하기 위해서는 참극의 현장에 실제로 가서 스스로 파인더를 통해 들여다보고 셔터를 누르는 취재가 필수 불가결하다. 이러한 사진정보가 갖는 힘과, 이를 달성하기 위한 기자의 위대한 노력으로 말미암아 지진 관련 기사의 사진에 생각이 미쳤다고 할 수 있다.

하지만 이와 같은 인상에 의존하는 조사가 아니라, 지면 분석과 같은 방법을 통해 이를 실증적으로 고찰하려면 어떻게 해야만 할까. 나는 사진 데이터를 수집하는 것부터 시작하였다. 사진이라고 하는 충격이 강한 대상을 오히려 반대로 실증성을 추구하는 분석을 통해, 동일본대지진에 대한 신문보도, 나아가서는 저널리즘 전체의 문제를 생각하는 데 하나의 실마리를 잡을 수 있을지도 모르겠다고 생각했다.

2 사진 분석을 통해 알 수 있었던 사실

조사에서 특히, 도쿄전력 후쿠시마 제1원자력발전소에서의 사고와 관련한 기사에 게재된 사진에 주목했다. 사진이라는 매체의 사용 특성이나 어려움이 가장 명확하게 드러나는 사안이었기 때문이다. 이와 같은 분석은, 다음과 같은 2가지 점에 주목했다.

① 사고 발생 후 얼마나 신속하게 보도가 되었는가?
② 사고 발행 시, 원자력발전소 사고의 발생지점(예: 20킬로미터 권내)에 다가갔는가?

이 두 가지의 물음에 답하기 위해, 3월 12일부터 4월 11일까지의 전국지 중 3개 신문(아사히신문, 마이니치신문, 요미우리신문)에 게재된 동일본대지진 관련 사진, 특히 후쿠시마 제1원자력발전소 사고에 관한 기사에 게재된 사진을 분석했다. 여기서 전국지 3개의 신문을 분석대상으로 한 이유는, 원자력발전소 사고는 방사능 오염이나 소문 피해와 같은 문제가 얽힌 전국적인 관심의 대상이었으며, 그 때문에 전국에서 읽히고 있는 전국지의 원자력발전소 사고의 사진보도의 자세에 관심을 가져야 한다고 생각했기 때문이다.

데이터 수집은,《아사히신문 축소 인쇄판 동일본대지진 특별지면 집성 2011. 3. 12~4. 11》,《요미우리신문 특별 축소 인쇄판 동일본대지진 1개월의 기록》과 마이니치신문 3~4월분의 축소 인쇄판을 기반으로, 동일본대지진 발생 다음 날인 3월 12일부터 지진 발생 후 1개월이 되는 4월 11일까지의 지진 관련 기사를 게재한 사진의 분류, 촬영자, 촬영지, 촬영 일시를 각각 집계했다. 가끔 축소판에는 게재되지 않은 기사나 지면도 있었는데, 원자력발전소 사고와 관련된 기사는 중요하게 때문에 생략되는 일이 적을 것이라는 가정하에 조사를 진행했다. 그 데이터를 기반으로 사고 발생 후에 얼마나 신속한 보도가 이루어졌는가, 그리고 사고 발생 후에 진원지에 얼마만큼 접근하였는가라는 2가지 관점에서,

· 후쿠시마 제1원자력발전소의 1호기가 폭발한 3월 12일 이후와 3호기가 폭발한 3월 14일 이후에 전국지 3개 신문이, 각각 최초의 원자력발전소 사고 관련 사진을 지면에 게재한 것은 언제인가(표 1, 표 2).
· 동일본대지진 관련 사진 중에서 원자력발전소 사고 관련 사진 수와 그 비율(표 3).
· 후쿠시마 제1원자력발전소나 20킬로미터 권내를 촬영한 사진

의 수와 비율(표 4).

· 원전 사진의 촬영자가 신문사의 사진기자가 아닌 사진(예: 도쿄전력 제공 등) 수와 그 비율(표 5).

와 같은 내용을, 5개의 표로 정리했다.

그 결과, 〈표 1〉과 〈표 2〉에서 알 수 있는 바와 같이, 사고 직후 신문이 이를 기사화를 하긴 했으나, 마이니치신문이 13일 조간 기사에 자사의 사진기자가 촬영한 사진을 싣고 있을 뿐, 다른 모든 신문은 TV 영상을 인용했다. 또한 마이니치신문의 경우 13일 조간에 게재된 사진도 헬리콥터를 통해 공중에서 촬영한 것으로, 자사의 사진기자를 사고현장에 파견해서 촬영한 사진은 사용하지 않았음을 확인할 수 있다. 또한 〈표 3〉에서는 지진 관련 사진 중 원자력발전소 사고와 관련된 것은 아사히신문이 128장, 마이니치신문이 133장, 양쪽 신문 모두 지진 관련 사진 중 비율이 약 15%, 그리고 요미우리신문이 187장으로 비율이 약 30%로, 여타 두 신문과 비교했을 때 많다는 것을 알 수 있다. 하지만 이것은 집계 당시에 원자력발전소 사고 관련 사진으로 분류한 것 중에 원자력발전소 사고 때문에 피난한 사람들의 사진도 포함된 숫자이다. 실제로 후쿠시마 제1원자력발전소나 20킬로 권내를 촬영한 사진의 비율은 〈표 4〉와 같으며, 3개 신문사 모두 매우 낮다는 것을 알 수 있다. 그리고 〈표 5〉에서 원자력발전소 사고와 관련된 사진은 그 절반 이상이 도쿄전력이나 경제산업성 원자력안전·보안원 등에서 제공한 것이라는 것도 알 수 있었다. 이것은 독자적인 취재에 의해 촬영한 지진·

표 1 12일 1호기 폭발(오후 3시 36분) 후 최초로 원자력발전소 사고 관련 사진을 게재한 일시

	게재일	게재면	촬영일시	촬영자
아사히신문	3월 13일	조간 1면	12일 오후	니혼日本TV영상
마이니치신문	3월 13일	조간 1면	12일 오후 3시 55분	가이즈카 다이치貝塚太一, 본사
요미우리신문	3월 13일	조간 1면	12일 오후	니혼TV영상

표 2 14일 3호 폭발(오전 11시 1분) 후 최초로 원자력발전소 사고 관련 사진을 게재한 일시

	게재일	게재면	촬영일시	촬영자
아사히신문	3월 14일	석간 1면	14일	후쿠시마주오福島中央TV
마이니치신문	3월 14일	석간 1면	14일 11시경	NHK 뉴스
요미우리신문	3월 14일	석간 1면	14일	후쿠시마주오TV

표 3 지진 사진 중 원자력발전소 사고 관련 사진의 수와 비율

	지진사진의 수(a)	원전 사진의 수(b)	지진 사진(a) 중 원전 사진(b)의 비율
아사히신문	813	128	15.74%
마이니치신문	806	133	16.50%
요미우리신문	640	187	29.22%

표 4 후쿠시마 제1원자력발전소이나 20킬로미터 권내를 촬영한 사진의 수와 비율

	후쿠시마 제1원자력발전소나 20킬로미터 권내를 촬영한 사진의 수(c)	원자력발전소 사고 관련 사진(b) 중 c의 비율	지진 관련 사진(a) 중 c의 비율
아사히신문	64	50%	8%
마이니치신문	68	51.13%	8%
요미우리신문	99	52.94%	15%

표 5 원자력발전소 사고 관련 사진 중의 각 신문사 촬영이 아닌 사진의 수와 비율

	각 신문사가 촬영하지 않은 원자력발전소 사고 관련 사진의 수 (e.g. 도쿄전력, NHK 뉴스 등)(d)	원자력발전소 사고 관련 사진(b) 중 d의 비율
아사히신문	64	50%
마이니치신문	69	51.88%
요미우리신문	97	51.87%

쓰나미 피해지 사진의 수가 각 신문사의 90% 이상이라는 것과 비교했을 때 매우 낮은 비율임을 알 수 있다.

이상의 분석 결과를 통해, 금번 원자력발전소 사고에 관해 신문에 게재된 사진에 대해서는 다음과 같은 점을 말할 수 있다.

전국지 3개 신문은 사고 발생 직후 신속하게 기사를 썼지만, 자사의 사진기자가 20킬로미터 권내에 들어가 실제로 원자력발전소 사고의 상태를 촬영한 사진을 게재한 적이 없었다. 즉, 적어도 3월 12일부터 4월 11일까지의 1달 중에, 사고 현장에 직접 접근해서 더 정교한 보도를 하는 것은 불가능했고 시종일관 타 기관이 발표한 것을 보도했을 뿐이었던 것이다.

3 재해지역 방문

이러한 조사 결과에 더해, 프리랜서 저널리스트가 20킬로 권내에 들어가 취재했던 사실이 있다는 점에서(3월 13일, 일본 비주얼 저널리스트 협회의 멤버 6명이 팀을 만들어 후쿠시마현 후타바초双葉町에서 취재를 했다), 이와 같은 3개 전국지 신문의 보도 자세는 저널리스트로서 문제가 있는 것이 아닌가 하는, 다음과 같은 의문을 품을 수밖에 없었다.

·사진 분석 결과, 원전 보도 시 사고현장에 접근하여 정교한 보도를 실시하지 않았음을 확인할 수 있었다. 이는, 저널리스트

로서의 책임을 다하지 않았다고도 말할 수 있다. 지방지는 이에 대하여 어떻게 생각하고 있을까?

· 현장을 피했던 전국지의 이러한 자세와 달리, 원전에 인접한 미야기현에 본거지를 두고 있는 대표적 지방지인 가호쿠신보는 어떠한 자세로 보도를 했는가?

· 신문사라는 조직 속에서 일하는 신문기자는 어떠한 제약조건 아래에 있는 것인가. 또한 그들은 20킬로미터 권내에 들어가 취재한 프리랜서 저널리스트에 대하여 어떤 생각을 가지고 있는가?

재해지역에서는 재해를 입었던 사람들의 이야기, 행정기관에서 근무하는 사람의 이야기 등 다양한 입장에서의 이야기와 함께 실제로 취재에 임한 기자의 말을 들을 기회가 있었다.

그중에서 특히 인상적이었던 것은 현장에서 우선시되는 것은 기자의 안전, 생명이라는 것이다. 이것은 특히 오나가와女川에서 피해를 입은 산리쿠카호쿠출판사三陸河北新報社의 사토 노리오佐藤紀生 기자(2011년 10월 21일, 산리쿠카호쿠출판사)나, 가호쿠출판사河北新報社 후쿠시마 총국 하야카와 도시야早川俊哉 총국장(2011년 10월 23일, 가호쿠출판사 후쿠시마 총국에서)의 이야기를 들었을 때였다. 신문사의 방침으로서는 기자의 안전이 제일이며, 그것은 보도 이전의 문제이기에 위험을 감수하는 것은 저널리스트로서 뛰어나다고 할 수 없다. 그들 자신도,

'신변 안전은 보도 이전의 문제'

'신변 안전 확보가 가장 중요하다'

라는 생각을 피력했다.

이 때문에, 원전 보도에 관한 한 사고 발생 근원지에 접근할 수 없었다. 하지만, 기자의 안전을 생각하면, 방사능 오염에 관하여 어느 정도부터 위험한지에 관한 명확한 기준이 없었기 때문에, 원전에 가까이 가지 않은 것이 무조건 바람직하지 못한 일이었다고 말할 수는 없겠다고 생각했다.

또한 지방지는 전국지와 달리 지역과 밀착해 있기 때문에 그 지역에서 도망갈 수 없다. 때문에 전국지 이상으로 지역의 상황에 책임을 가지고 기사를 쓰지 않으면 안 된다. 게다가 신문은 주 독자의 요구에 응한 정보를 기사화해야 하기 때문에 산리쿠가호쿠신문사에서는 조사 대상이 된 지진 발생 후 1개월간에 특히 직접 쓰나미 피해에 관한 보도나 혹은 매일 필요한 생활 관련 정보가 늘어났음을 알 수 있다.

그리고 프리랜서 저널리스트가 20킬로 권내에 들어간 것에 대해서는, 긍정적인 의견과 부정적인 의견이 모두 있다는 점도 알 수 있었다. 긍정적인 측면에서는 진실에 잘 다가갔다는 의견이 있었으나, 반대로 부정적인 측면에서는 센세이셔널한 보도만을 고집한다는 의견도 있었다. 신문사를 포함한 조직 저널리즘은 압도적인 인력과 사물, 그리고 돈을 투입한다. 따라서 프리랜서 저널리스트는 조직의 제약을 받지 않고 한 군데에 장기간 체재하며 지속적인 관측 취재가 가능하다는 이점이 있다.

반대로 조직에 속한 저널리스트는 어떤 조직에 속하는가에 따라서 업적 지상주의나 출세 경쟁에 휘말려, 보도 본래의 목적을 잃어버리는 경우가 있다. 한편, 프리랜서 저널리스트는 기자 클럽에 참가할 수 없기 때문에 정보의 출처에 제약이 따른다. 이와 같이 각각 일장일단의 특징을 가지고 있는 것이다.

그리고 또한 그들의 인터뷰 중에 관심을 끈 내용 중 하나는, 보도에는 명확한 공식이 없다는 것이다. 신문사는 세상에서 일어나는 수많은 여러 사건을 취재하여 보도한다. 그 수많은 보도에 모두 해당되는 정답이 되는 공식은 존재하지 않는 것이다. 공식이 없기에 비로소 하나하나의 사건에서 그에 관한 진실을 추구하려는 과정이 중요하게 된다는 것이다. 다음 절에서는 이 프로세스에 대해 진실하게 다가갔던 한 기자가 조우하게 된 상황에 대해 알아보고자 한다.

4 기자의 갈등

기자 자신도 저널리스트로서 사명감과 신변의 안전과 사이에서 흔들리고 있다. 가호쿠신보는 원자력발전소 사고가 있었던 후쿠시마현 내에 기자 11명을 상주시켰지만, 원자력발전소 사고가 있었던 3월 12일에 그들 모두에게 원칙적으로 대피명령을 내렸다. 이는 사원의 건강과 장래를 생각한 상식적인 판단이었다. 이 당시 하야카와早川 총무국장과 2명의 기자가 후쿠시마현 내에 남았다. 14일 3호기 폭발 후에 하야카와 총무국장은 후쿠시마현 내에 머물렀지만. 다른 스태프는 니가타시新潟市나 센다이 시仙台市 등으로 피난했다.

《가호쿠신보의 가장 길었던 하루, 지진 이후의 지방지》(분게슌슈文義春秋, 2011)에는 〈사명감인가, 신변의 안전인가〉라는 표제하에, 기자들의 갈등이 생생하게 그려져 있다. 특히 인상적이었던 것은 기쿠치 나호코菊地奈保子 기자의 말이었다. 그녀는 대피지시를 받고 후쿠시마현에서 니가타현新潟県으로 일시 피난했다.

> 이번에 후쿠시마를 떠난 저의 모습은 지금까지 자신이 추구해왔던 이상적인 기자상과 너무나 많이 동떨어져 있어, 그 괴리에 말할 수 없는 절망감을 느꼈습니다. 어찌 보면 자신의 나약함, 보도의 사명, 회사의 입장, 그리고 여러 가지 요인들 안에서 타협하며 앞으로 나아가는 것이야말로 기자일지도 모릅니다.
>
> 하지만 한번 후쿠시마를 떠난 이상, 저는 그런 결론을 내릴 수 없었습니다. 지진 이후에 나는 어떻게 살아야만 하는 것인가. 기자의 입장을 떠나 한 사람의 인간으로서 생각하려고 하고 있습니다.(192쪽)

가장 심각한 상황이 온 순간 현지에서 취재를 할 수 없었던 후회와 아쉬움이 컸고, 기쿠치 기자는 지진으로부터 5개월 후 기자를 그만두었다.

현장에서 일하는 기자는 피난 후, 자신의 감정을 정리하고 다시 처음부터 기자로서 시작하고자 했던 사람이 있는가 하면, 기쿠치 기자와 같은 사람도 있다. 기자들 사이에서도 논란이 있을 만큼, 복잡한 문제가 아닐 수 없다. 이는 기자들 사이에서도 논란이 될 정도로 복잡한 문제라고 할 수 있다.

사진 분석을 마치며

다시 말하자면, 원자력발전소 사고에 관한 기사를 게재한 사진에 대한 분석 결과, 조사 대상인 전국지 3개 신문은, 3월 12일부터 4월 11일 사이에 원자력발전소 사고 현장에 직접 들어가 취재하지 않았다는 것을 알 수 있었다. 이는 사진보도가 가진, 현지의 상황을 시각적으로 전달한다고 하는 본래의 특징을 살리지 못한 것이라고 볼 수 있으며, 이번 동일본대지진에 관한 신문 보도의 문제점 중 하나라고 말할 수 있다. 이에 관해, 앞으로 더 깊은 논의를 해 나가지 않으면 안 된다. 하지만 기자를 둘러싸고 있는 외적 환경은 단순하지만은 않다. 이번 동일본대지진에서 기자는, 보도해야 하는 사실과 기자의 신변 안전을 둘러싼 갈등 속에서 흔들리면서도, 현장의 직업의식(프로로서의 책임감과 윤리관)과 회사의 방침 사이에서 각자의 저널리즘의 존재의의를 매일 갈등해 온 기자가 있었다는 사실을 잊어서는 안 될 것이다.

흑백사진의 오래된 앨범
(이시마키 시, 4월 24일, 로쿠다 유이치 촬영)

제 7 장

신문이 전달하는 '죽음'

—'죽음'과 마주하다

하쓰마 란타蓮見嵐太

1 '유해 사진'을 생각하다

옷은 진흙투성이였다. 해수에 잠겨 있었기 때문일까. 발은 퉁퉁 불어, 하얗게 되어 있었다—AFP통신(프랑스)이 공개한 사진. 그중에서 동일본대지진으로 사망한 사람들의 '유해 사진'이 있었다. 미야기현 마나미산리쿠초南三陸町에서 외국인 사진기자가 촬영한 2장의 사진. 같은 연배라고 생각되는 여성의 유해를, 수색대가 파란 시트에 감싸고 있는 사진과, 그 여성의 다리를 찍은 사진이 그것이다(유해 사진은 와세다대학 중앙도서관과 열람계약을 맺은 〈AFP World Academic Archive〉를 통해 열람). AFP가 공개한 다수의 동일본대지진 관련 사진 중에서 이 2장이 세계 신문의 어느 지면에 게재되었는지는 알 수 없다.

사망자 1만 5853명. 이와 같은 '유해 사진'은, 이 믿기 어려운 방대한 수의 죽음이 재난지역에 분명히 있었다는 것을 여실히 보여주고 있다.

일본의 각 신문사는 〈표 1〉과 같이 사진을 통해 '죽음'을 보도하였는데, 〈표 1〉은 아사히신문, 마이니치신문, 요미우리신문이 2011년 3월 12일에서 4월 11일까지 1개월간의 조석간 지면(도쿄판)에 '죽음'을 실은 사진을 정리한 것이다.

유해 안치소 외관이나 관의 사진, 유해를 발견한 유족, 관계자를 찍은 사진이 많으며, 직접 유해를 찍은 사진은 하나도 없었다. 아사히신문 3월 30일 조간과 요미우리 3월 23일 조간에는 탐색대가 유해를 옮기는 사진이 게재되었다. 그러나 어느 쪽도 유해는 파란 시트로 완전히 감싸여 있어, 직접 유해를 확인할 수는 없었다.

1만 5천 명 이상의 사망자가 나왔고 또한 워싱턴포스트지 등의 해외 미디어는 '유해 사진'을 보도하고 있음에도 불구하고, 왜 일본의 신문은 그것을 게재하지 않았을까. 이것을 검증하기 위하여 '독자'의 관점, '이재민'의 관점, '기자'의 관점, '신문사'의 관점의 4가지 시점에서 '유해 사진'을 생각해 보고자 한다.

2 '독자'의 시점

2011년 9월 28일, 와세다대학교 교육학부의 신문학 연습 수업에서는 '동일본대지진에서는 유해 사진을 신문에 게재하여야만 했는

표 1 '죽음'을 다룬 사진 일람

아사히신문

	게재면	촬영자	촬영장소	촬영일시	사진 개요
3/18 석간	12	나가사와 모토키長沢幹城	히가시 마쓰야마 시東松島市	17일	유해 안치소 입구의 사진
3/19 조간	30	이토 가즈유키伊藤和行	도메 시登米市	기재 없음	장례식장 사진
3/19 조간	30	다카하시 마사노리高橋正徳	리후초利府町	18일 오전	유해안치소(관)사진
3/23 조간	31	나가시마 가즈히로長島一浩	히가시 마쓰시마 시東松島市	22일 오전	유해 매장
3/30 조간	31	오에다 고이치上田幸一	리쿠젠다카타시陸前高田市	27일	유해를 운반하는 소방단원들
4/1 조간	34	우에다 고이치上田幸一	스미다초住田町	29일	유해안치소에서 관을 옮기고 있음
4/4 조간	3	다치바나 데쓰메竹花徹明	히가시 마쓰시마 시東松島市	3일 13시23분	유해 매장
4/4 석간	10	아이바 이쿠로相場郁郎	이와테현岩手県내	28일	장의사
4/7 조간	31	하시모토 겐橋本弦	스미다초住田町	5일 오후	유해안치소. 단, 관은 없음
4/9 석간	10	다치바나 데쓰메竹花徹明	히가시 마쓰시마 시東松島市	3일	관의 사진

마이니치신문

	게재면	촬영자	촬영장소	촬영일시	사진 개요
3/14 조간	17	쓰무라 도요카즈津村豊和	히가시 마쓰시마 시東松島市 노비루지구野蒜地区	13일 15시 6분	반출된 유해를 확인하는 남성
3/15 조간	23	와다 다이스케和田大典	미야코 시宮古市	14일 14시 15분	유해를 확인하는 여성
3/18 석간	11	데즈카 고이치로手塚耕一郎	리후초利府町	18일 10시 18분	유해안치소와 다수의 관
3/22 조간	18	기얀 신노스케喜屋武真之介	게센누마 시気仙沼市 오시마大島	21일 11시 26분	유해 매장
3/25 석간	4	와다 다이스케和田大典	미야코 시宮古市	14일	유해를 확인하는 여성. 이전 게재 사진과 동일
4/11 조간	1	우메무라 나오쓰네梅村直承	이시마키 시石巻市	10일	임시 유해 매장
4/11 조간	17	고마쓰 유스케小松雄介	가마이시 시釜石市	10일 10시 39분	합동공양

요미우리신문

	게재면	촬영자	촬영장소	촬영일시	사진 개요
3/19 석간	11	미기재	게센누마 시岩沼市	18일	유해 안치소
3/22 조간	29	이치조 유지一條裕二	오쓰치초大槌町 오쓰치중학교大槌中学校	20일	유해 안치소 입구
3/23 조간	4	조코 데쓰上甲鉄	리쿠젠다카타시陸前高田市	20일오전	유해를 운반하는 소방단

4/2 조간	28	미기재	리쿠젠다카타시陸前高田市	29일 9시 49분	유해 안치소
4/4 조간	31	마에다 나오키 前田尚紀	이시마키시石巻市	2일	화장준비
4/5 조간	28	미기재	오나가와초女川町	2일 14시 8분	유해를 응시하는 구조대. 유해는 찍지 않았음

주: 《아사히신문 축소 인쇄판 동일본대지진 특별지면 집성 2011.3.11~4.12》, 《요미우리신문 특별 축소 인쇄판 동일본대지진 1개월의 기록 2011년 3월 11일~4월 11일》, 《마이니치신문 축소 인쇄판 2011.3》, 《마이니치신문 축소 인쇄판 2011.4》의 조사에 따름.

가?'라는 테마를 가지고 토론을 진행했다. 토론은 신문기자의 입장에서 어떻게 접근해야 하는가에 대한 의견이 많았다.

유해 사진을 게재하지 말아야 한다는 의견으로서는,

> "지진 발생으로 몸도 마음도 충격을 받고 있는데, 거기에 더해 유해 사진을 접하게 되면 또 다른 정신적 충격을 받게 된다"
>
> "지진의 생생함은 밀려오는 쓰나미의 사진이나, 재해지역의 피해를 입은 모습을 찍은 사진만으로도 충분히 전달된다. 나머지는 독자의 상상력의 문제다"
>
> "사진으로 게재된 사망자의 존엄이 훼손 된다"

등의 의견을 얻을 수 있었다.

이에 반대하여, 유해 사진을 게재해야만 했다는 의견에는,

> "1만 5,000명 이상이 죽었다는 사실이 엄연히 존재함에도 불구하고 유해 사진을 싣지 않으면 사건의 중대함이 전달되지 않으며, 기억의 미화가 시작된다"
>
> "유해 사진을 싣지 않는 이유는 독자의 반응을 생각한 상업적

판단이 다소 포함되어 있기 때문이 아닐까 싶다. 외면당할 것을 두려워한 것이라 보인다"

"유해 사진을 게재하지 않기 때문에, 사망자 숫자만이 제시될 뿐이다. 따라서 대규모 인명피해의 구체성을 어떻게 표현해 낼 것인가?"

등의 의견을 얻을 수 있었다.

'유해 사진'보다 더 '죽음'이라는 사실을 직접적으로 이야기해 주는 것은 없다. 그렇기 때문에, 보는 사람에게 큰 충격을 준다. 그리고 '유해 사진'을 본 사람에게는, 당황과 공포라는 감정과 함께 일종의 호기심과 같은 감정이 교차할 것이다. 이와 같은 '유해 사진'의 복잡함을 토론을 통해 강하게 실감할 수 있었다.

3 '이재민'의 시점

2011년 10월 21일부터 10월 23일까지, 신문학 수업의 일환으로서 미야기현과 후쿠시마현의 재해지역을 방문했으며, 그동안 이재민에 대해 취재할 수 있었다.

그 첫날, 미야기현 미나미산리쿠초의 가설 청사에서, 사토 진佐藤仁 씨의 이야기를 들었다. 사토 씨는 쓰나미가 덮쳐올 때, 방재대책청사 옥상으로 피난했지만 그 옥상까지 쓰나미가 차 올라와 옥상에 설치되어 있던 안테나에 매달려 간신히 목숨을 구하신 분이다.

사토 씨에게 "신문에 유해 사진이 게재되지 않는 것에 대하여 어떻게 생각하십니까?"라고 질문하자, 그는 다음과 같이 대답했다.

> 게재하지 않았던 것은, 유해사진을 보고 싶지 않다고 하는 거부감 혹은 기피감이 일본 국민의 국민성에 있기 때문이라고 생각합니다. 저 역시 그러한 사진은 실어서는 안 된다고 생각했습니다. 홍보 담당 직원도 쓰나미에 밀려가는 사람의 사진 등을 촬영했지만, 그것은 절대 외부로 공개해서는 안 된다고 말했습니다.

같은 날, 미야기현 이시마키 시石巻市에서 취재한 (주)구마야산업熊谷産業의 경리 담당자인 미우라 아케미三浦あけみ 씨는, "신문에 어떠한 사진을 게재하기 바라는가?"는 질문에,

> 재해지역의 어두운 이야기만이 보도되고 있기 때문에, 웃는 얼굴이 있는 사진과 같은 마음이 밝아질 수 있는 화제도 제공해 주었으면 했다

라고 대답했다. 이재민은 재해지역의 참상만이 아닌, 밝은 화제나 희망을 가질 수 있는 보도를 원했다. 이후에도 기술하겠지만, 인프라의 복구 등의 생활정보도 마찬가지로 이재민들이 원하는 보도 내용이었다. 이는 다시 말하면 '삶'에 초점을 맞춘 보도라고 할 수 있겠다.

4 '기자'의 시점

피해지를 취재한 기자는, 무엇을 생각하며 어떻게 행동했는가.

2011년 10월 21일, 산리쿠가호쿠신보의 이시마키石巻 본사에서, 사토 노리오佐藤紀生 기자를 만나 취재할 수 있었다. 산리쿠가호쿠신보는 미야기현 센다이 시에 본사를 둔 가호쿠신보사의 자매회사이다. 미야기현 이시마키 시·히가시 마쓰시마 시東松島市·오나가와초女川町를 주된 기반으로 하는《이시마키 가호쿠石巻かほく》를 발행하고 있다.

사토 노리오 기자는 미야기현 오나가와초에서 지방자치단체위원회의 취재 중, 자신도 지진과 쓰나미를 겪었다. 발밑까지 밀려오는 쓰나미에 공포감을 느끼며 카메라의 셔터를 계속 눌렀다. 밤에는 쓰나미가 도달하지 않은 민가에서 머물고, 다음 날 3월 12일 도보와 자전거, 히치하이킹 등으로, 센다이 시의 가호쿠신보사를 목표로 이동했다고 했다. 사토 기자는 그 이동 중 유해를 촬영했다고 한다.

> 찍어야 하는지 말아야 하는지 고민했지만, 일단 유해 사진은 촬영했다. 오나가와초에서 센다이의 가호쿠신보사로 돌아가는 도중, 수많은 사람의 유해가 겹겹이 쌓여 있는 것을 목격했고, 그 현장도 촬영했다.

그 사진을 편집 담당자에게 제공했는가를 묻자, 사토 기자는 다음과 같이 답했다.

제공하지 않았다. 내 컴퓨터에 데이터로서만 보관하고 있다. 신문에 게재하기 위하여 찍은 것이 아니었고 게재되지 않을 것도 알고 있었다.

그렇다면 왜 유해를 촬영한 것인가?

참혹함의 증거로, 그곳에서 사람이 죽었다는 사실이 존재했기 때문이다. 그 사실에 관한 사진 한 장은 찍어서 남겨야 한다고 생각했다. 내가 저널리스트이기 때문이 아니라, 단지 현실을 기억에 남겨야 하기 때문이라고 생각했다.

그 사진을 앞으로는 어떻게 할 것인가?

사진을 어떻게 할지에 대해서는, 1년이 지나고 난 다음에 생각할 작정이다. 삭제하려고 마음만 먹는다면 지금이라도 바로 삭제할 수 있다. 하지만 그렇게 하는 것이 좋은 것인지 어떨지 모르겠다. 그러나 적어도 이 사진을 회사에 건네는 일은 없을 것이다.

사토 기자는, 자신이 촬영한 '유해 사진'을 회사에 공개할 의사는 없다고 했다. 이것은 사토 기자가 '그 지방의 기자'이기 때문인 것일까? 사토 기자는 취재 중 다음과 같이 말했다.

나 자신이 재해를 겪었지만, 그때의 공포는 지금도 잊지 못한다. 그 공포의 기억은 다른 이재민들도 마찬가지로 느꼈을 것이다. 이후 이 지방의 기자로서, 이재민에게 다가가는 취재, 보도를 통해, 이재민의 정신적인 치유에 일조하고 싶다.

피해지의 방대한 '죽음'을 뒤로 하고 전국지의 기자를 포함하여 많은 취재 기자들이 고뇌했을 것이다. 이 고뇌는 신문사의 '유해 사진'의 불게재의 결정과 어떤 관계가 있는 것은 아닐까 생각한다. 어쩌면 게재되지 못할 것이 분명했기 때문에, 처음부터 고민하지 않은 기자도 있었을지 모른다.

5 '신문사'의 시점

'유해 사진'의 불게재. 신문사는 어떠한 판단으로 이를 결정한 것일까. 그리고 이와 같은 결정은 신문사마다 다른 것일까? 이를 검증하기 위하여 산리쿠가호쿠신보사와 아사히신문사를 취재했다.

지방지

산리쿠가호쿠신보사에서는 니시카와 요시히사西川善久 사장, 아사쿠라 유토朝倉裕人 편집국장의 이야기를 들었다(2011년 10월 21일, 이시마키 본사). 아사쿠라 씨는,

> 유해 사진의 게재는 논외의 문제다. 그것을 게재하는 것에 얼마나 의미가 있는지를 모르겠기 때문이다

라고 말했다. 또한, 니시카와 씨는

> 독자에게 어디까지 생생한 현장감을 전달해야만 하는가에 관해서는 일정한 선이 있다고 생각한다.

라고 말했다. 산리쿠가호쿠신보사에 '유해 사진'의 불게재는 당연하다는 의미였다. 그 이유를 다음과 같은 말에서 생각해 보고자 한다. 아사쿠라 씨의,

> 처음에는 통신전파의 복구 상황이나, 영업하고 있는 슈퍼마켓의 정보와 같은 것은 기사로 쓸 만한 가치가 낮다고 생각했다. 그러나 독자가 가장 먼저 읽는 것이 그와 같은 정보라는 것을 알게 되었고, 이러한 생활정보야말로 독자가 가장 원하는 것이라는 것을 알게 되었다

라는 말, 그리고 앞에서의 사토 기자를 시작으로 니시카와 씨, 아사쿠라 씨가 몇 번이고 말한,

> '이재민에게 다가가는 보도'

라는 단어에서 이재민은 생활정보, 그리고 밝은 화제나 희망을 가질 수 있는 '삶'에 초점을 맞춘 정보를 원한다는 것을 알 수 있었다. 그리고 그것을 최우선으로 보도하는 것이 지방지로서 필연적인 역할일 것이다. 또한, 이재민에게 다가간다는 생각이 강한 이상, '삶'과 정반대의 이재민에 정신적 상처를 줄 수 있는 '유해 사진'은 게재하지 말아야 한다고 판단했다고 생각할 수 있다. 산리쿠가호쿠신보

사는 기자, 편집자 모두 이와 같은 판단에 동의했다.

전국지

아사히신문사에서의 취재는, 편집주간 겸 도쿄 본사 편성국장인 스기우라 부유키 씨의 이야기를 들었다(2011년 11월 28일, 아사히신문 도쿄 본사에서). 스기우라 씨는 지진 발생 당시, 편집주간 겸 도쿄 본사 편성국장으로서 취재를 지휘하고 있었다. 아사히신문에는 취재에 관한 규정이 있다. 그중에서 '유해 사진'에 관한 항목도 있다. '유해 사진'에 대해서는, 일부 예외는 있지만(이에 관해서는 나중에 상술), 원칙적으로 게재하지 않는 것으로 정해져 있다고 한다. 그 이유로는,

① 인간의 존엄 준수
② 정당한 관심과 흥미 본위의 관심의 차이

를 들 수 있다고 스기우라 씨는 말했다. 우선, ①의 경우,

> 사망자는 인간의 존엄을 스스로 호소할 수 없기 때문에 우리들은 그것을 확실히 지켜주지 않으면 안 된다. 같은 맥락에서 유족의 감정도 배려를 하지 않으면 안 된다.

그리고 ②의 경우,

> 정당한 관심과 흥미 본위의 관심에는 큰 차이가 있는 이상, 유해 사진을 게재하지 않는다고 하더라도, 사회에 진실을 전달할 방법은 얼마든지 있기 때문에 게재하지 않는다

라고, 스기우라 씨는 말했다. 이와 같이 아사히신문은 '유해 사진'에 대하여 규정을 정하고, 명확한 방침을 기자에게 제시하고 있었다.

그리고 '유해 사진'을 예외적으로 게재하는 판단기준에 대해 스기우라 씨는,

> 독자에게 줄 수 있는 불쾌감, 혐오감이 상대적으로 낮은, 지금 일어나고 있는 사건의 사실을 상징적, 핵심적으로 말로 표현하기 어려운 경우에 유연하게 판단한다

고 말했다. 사실, 과거에는 1970년의 할복자살한 작가 미시마 유키오三島由紀夫의 머리 사진이나, 1989년 루마니아 혁명에서 총살 처형된 차우세스크 전 루마니아 대통령의 유해 사진 등이 게재된 적이 있었다(〈미시마 유키오가 자위대에 난입, 연설 후 할복자살〉, 아사히신문, 1989년 11월 25일, 1면; 〈루마니아 원수에 이리에스크 씨〉 아사히신문, 1989년 12월 27일 조간 1면).

이번 지진의 '유해 사진'은 상징적, 핵심적인 의미를 갖게 될 것이다. 하지만 거리 전체를 휩쓸어 버린 쓰나미, 가족을 잃고 그저 눈물만 흘리는 사람, 이러한 것을 찍은 사진도 충분히 피해지의 비극이나 절망을 상징적, 핵심적으로 보여준다. 그리고 위 ①과 ②의

규정을 고려한 결과 '유해 사진'에 대한 불게재 판단이 내려졌다고 생각된다.

산리쿠가호쿠신보사와 아사히신문사에 문의해 양측으로부터 들은 답변에서 '유해 사진'의 불게재의 이유가 조금 다르다고 생각한다. 묻는 상대가 달라지면 대답도 달라질 가능성은 부정할 수 없다. 그러나 양쪽 모두 무언가 공통적인 것에 영향을 받고 있다고 생각된다. 해외 미디어가 게재 가능하다고 판단한 것도 이것과 같은 맥락에 있다. 그것은 바로 당사자와의 '거리距離'이다.

6 '거리'에 흔들리는 저널리즘

이번 지진에서 '유해 사진'에 대한 입장은 재해지역, 이재민과의 심리적·물리적 '거리'에 의해 그 판단이 달라지는 것이 아닐까라고 생각한다. 물론, 이것은 가설이다.

AFP통신이 '유해 사진'을 보도한 것처럼, 해외 미디어의 대다수가 유해 사진을 게재하여 보도했다. 외국과 일본의 '거리'의 차이가 '유해 사진'을 보도하는 하나의 요인이 된다고 보는 것이다 앞에서 말한 AFP의 사진의 경우, 촬영자는 외국인이었다. 촬영한 사람의 심리에도, 이 '거리'는 큰 영향을 주는 것이라고 생각한다.

전국지인 아사히신문사는, 사전에 정한 규정대로 판단을 하였다. 그리고 예외 규정을 적용하지 않고 '유해 사진'의 불게재를 결정하였다. 그러한 판단에는 일본에서 일어난 재해이기 때문에 대다수의 사망자가 일본인이라는 점이 영향을 미쳤던 것은 아닐까?

이재민의 대다수가 구독했던 지방지인 산리쿠가호쿠신보사. 스스로도 재해를 겪은 회사로서, 눈앞의 이재민의 정신 상태를 고려하여 그들에게 다가가고자 한다는 감정적이고 구체적 이유에 의거해서 '유해 사진'을 게재하지 않았다고 한다.

수백 년에 한 번 일어날 만한 대규모의 지진, 원자력발전소 사고는 전국에 방사능 오염의 공포를 확산시켰다. 지진 직후, 도호쿠의 피해지역뿐만 아니라, 일본인 대다수가 불안과 공포를 안게 되었다. 이와 같은 상황을 고려하여 신문은 강한 자극을 줄 수 있는 '유해 사진'을 게재하지 않았던 것이다. 그러나 '유해 사진'을 둘러싼 판단에는 다음과 같은 위험성이 있다고 생각된다.

이번 지진에서는 아사히신문사와 산리쿠가호쿠신보사가 공히 '유해 사진'을 게재하지 않았지만, 만약 해외에서 비참한 재해나 전쟁이 일어났을 경우, 그들은 어떠한 대응을 할 것인가. 이번과 같은 '거리'가 영향을 주는 것이라고 가정한다면, 게재인가 불게재인가의 판단은 변할 수 있을 것이다. 또한 '유해 사진'을 게재한 해외 미디어. 자국에서 재해나 전쟁이 일어났을 경우, 그들은 '유해 사진'을 게재할 것인가 말 것인가. 그들이 금번 일본의 신문과 같은 배려를 할 가능성을 부정할 수 없다. 그렇지 않으면 '거리'의 가설은 틀린 것으로, '유해 사진'을 게재하지 않은 것은 일본의 독자적 문화나 종교관에 근거한 것으로 보아야 할 것이다.

이번 지진을 생각하기 위해서는, 그 대규모 '죽음'을 먼저 이해하는 것이 중요하다. '유해 사진'을 봐야 피해지에 있는 '죽음'을 이해할 수 있다는 말이 아니다. '유해 사진'을 통해서 '죽음'과 마주보는 것에 대한 어려움을 알게 되는 것, '죽음'을 이해할 수 있다는 건 바로 그런 게 아닐까.

신문에는 '죽음'을 전달해야 하는 사명이 있다. 우선 '거리'가 자신들의 보도에 영향을 미칠 가능성과 위험성에 대하여 자각하지 않으면 안 된다. 그리고 지금부터 보도에서는 '죽음'을 어떻게 전달해 갈 것인가에 관한 논의를 생각해야만 할 것이다.

제3부 네 장소

제 8 장

이시마키 시립 오카와초등학교
—검증기사를 어떻게 활용할 것인가

오카와초등학교에서
(이시마키 시, 10월 21일, 로쿠다 유이치 촬영)

로쿠다 유이치六田悠一

1 사라진 아이들의 목소리

이시마키 시립石巻市立 오카와大川초등학교. 동일본대지진에서 전교 아동 108명 중 70명이 사망했으며, 2012년 3월 말 현재, 지금도 4명의 아동의 행방을 모른다. 약 70%의 아동이 사망 및 행망불명인 상태로, 지진 발생 시 교장선생님은 연휴로 부재 중이었기 때문에 사고를 면했지만, 학교에 있던 11명의 선생님들은 단 한 명을 제외하고 모두 희생됐다.

우리들이 2011년 10월 21일 오카와초등학교를 방문했을 당시, 제단이 된 초등학교 정문에는 수많은 꽃과 캐릭터 인형이 놓여 있었다. 행방불명인 여자 어린이의 어머니가 보낸 메시지도 있었으며, 제단에 놓여 있는 사진은 예전 마을의 모습을 담고 있었다. 마을의 안쪽에는 큰 기타카미강北上川이 천천히 흐르고 있고, 초등학교 주변에는 집들이 모여 있다. 하지만 지금, 그 주변은 쥐죽은 듯 조용하며, 여기에 마을이 있었다는 것조차 실감이 나지 않는다. 주위의 집들은 떠내려가고, 그 초석만이 남아 있다. 완전한 빈 땅이 되어 버린 곳도 있다. 대지의 푸른빛도 사라지고, 지금은 황갈색의 차가운 풍경만이 계속될 뿐이다.

오카와초등학교는 이시마키 시의 가마야釜谷 지구에 위치하고 있다. 기타가미강의 하구에서 대략 4킬로미터 상류에 있는 지구이다. 지진이 나고 7개월 이상이 지났지만, 제단에는 끊임없이 많은 사람들이 방문하고 있다.

도대체 오카와초등학교에서 어떤 일이 일어났던 것인가. 또 어째서 희생자 규모가 이 정도까지 컸던 것일까? 각 신문사는 이 사건을 개개의 사실로서만 다룰 것이 아니라, 사실을 연결하여 그 의미를 검증하기 위한 특집기사를 작성했다. 이에, 오카와초등학교를 한 예로서 이와 같은 검증기사를 어떻게 활용해 갈 것인가를 생각해 보고자 한다.

2 당시 오카와초등학교에서 무슨 일이 있었는가?

2011년 3월 11일 오카와초등학교에서는 지진 발생에서 쓰나미 도달까지 약 50분의 시간이 있었다. 우선은 당시의 상황을 되돌아보자.

오후 2시 46분 — 동일본대지진발생

"아이들은 하교 중이거나, '방과 후 활동' 중이었다. 학교 내의 아이들은 교사의 지시로 교정으로 집합하여, 학년별로 정렬했다. 하교하던 아이들도 대부분 학교로 돌아갔다"(요미우리신문 6월 13일 석간 15면).

오후 3시경

"인원점검을 마치고 교감과 대다수의 교사들이 벚나무 아래에서 '산으로 도망갈 것인지 여부', '이 정도 흔들림이라면 나무가 쓰러지기 때문에 산은 안 된다' 등과 같은 이야기를 나눴다"(상동).

"여진이 계속된 탓에, 몸 상태가 나빠져 구토를 하거나, 공포 때문에 우는 아이들이 있다. 긴급히 우선 마중 나온 보호자에게 아이들을 인도하고, 또한 아이들을 체크하는 데 시간이 걸렸다. 보호자 중에는 '대쓰나미가 온다', '쓰나미는 10미터라고 한다'라고 말한 어머님도 있었다. 아이들은 친구들끼리 모여 있는 등, 소란스러운 분위기였다"(아사히신문 6월 5일 조간 39면).

오후 3시 25분

"시 교육위원회의 조사에 따르면, 그 후 시의 홍보 차량에서 '쓰나미가 소나무 숲을 넘어 밀려 들어오고 있다. 고지대로 피난하라'고 외치는 소리가 들려왔다. 교사들과 피난을 가지 못하고 모여 있던 지역 주민들 사이에 '산으로 피하는 것이 좋다', '산은 무너지지 않겠는가?' 등의 이야기가 오갔다. 결국, 약 200미터 앞에 있던 기타가미강의 제방 부근에 있는, 제방과 거의 같은 높이인 약 6~7미터의 고지대로 피난하기로 했다"(요미우리신문 6월 13일 석간 15면).

오후 3시 37분

"교내 시계가 3시 37분에서 멈추어 있는 것으로 보아, 쓰나미는 그 시간에 교내에 도달한 것으로 보인다. 당시 학교 근처에 있던 이웃의 남성의 증언에 의하면, 아이들이나 선생들이 교정을 나와서 건널목을 향해 뒷산 근처의 도로를 걷고 있을 때, 앞에서부터 덮쳐온 쓰나미에 휩쓸렸다. 재빨리 뒷산에 올라갔던 아이들만이 화를 면했다"(마이니치신문 6월 4일 조간 29면).

"그때, '산으로 피해!'라고 외치는 사람이 있었고, 모두 산에 오르려 필사적이었다. 하지만 경사면이 높았고 눈이 쌓여 있어서 미끄러운 탓에 올라갈 수 없었다. 쓰나미는 엄청난 기세로 아이들을 삼켰고 강한 수압으로 튕겨 내기도 했다. 거의 동시에 학교 쪽에도 쓰나미가 덮쳐, 학교 앞은 파도와 파도가 부딪혀 소용돌이가 치고 있었다"(아사히신문 6월 5일 조간 39면).

3 '그날'은 어떻게 검증될 것인가?

그렇다면 오카와초등학교의 사건은 신문 지면을 통해 어떻게 검증해야만 하는가? 전국지 3개 신문(아사히, 마이니치, 요미우리 신문)을 기반으로 우선 생각해 보고자 한다. 전국지 3개 신문이 오카와초등학교 사건을 언제쯤 보도했는가를 알아보면, 가장 보도가 빨랐던 것은 마이니치신문이었다. 〈쓰나미가 빼앗아간 꿈〉이란 제목으로 3월 19일 석간 7면에 게재되었다. 18일 현재 전 아동 108명 중 오직 24명만의 생존이 확인되었다고 보도하였으며, 오카와초등학교에 다니고 있던 손자나 자녀가 희생된 가족의 이야기와 교장의 말이 실려 있었다. 그렇다면 다른 2개의 신문은 어떠한가. 요미우리신문은 3월 24일 조간, 아사히신문은 3월 25일 조간을 통해 이 사건을 처음 보도하였다.

일이 있고 난 후 1, 2주가 지나고 나서야 기사회된 이 첫 보도의 특징을 알아보도록 하자. 제1보에는, 지진 당일에 오카와초등학교에서 무슨 일이 있었는가에 대해서는 그다지 다루어지지 않았다. "걱정하며 차로 마중 나온 보호자도 있었기 때문에, 아이들을 교정에 모아 놓고 인원점검을 했다"(마이니치신문)라든가, "지진 후, 아이들은 통학용 안전모를 쓰고 교정에 정렬해 있었다"(아사히신문)와 같은 기사가 실려 있는 정도였다. 기사의 태반은 취재한 당시의 현장에 있던 보호자나 교장, 주변 주민의 상태나, 행방을 모르는 아이의 특징이나 '우리 아이가 목격한 것에 의하면…'과 같은 증언 등으로 점철되어 있었다. 아직 피해가 확대된 원인 검증이나 상황의 정리가 되지 않았다. 즉, 지진 발생 직후에는 오카와초등학교에서 무슨 일이 일어났고, 또한 어째서 피해가 확대되었는가를 상세하게 기술한 검증기사는 작성되지 않았다고 할 수 있다.

오카와초등학교의 상세한 검증기사가 나오기 시작한 것은, 지진 발생 후 거의 1달이 지나고부터였다.

피해 확대의 원인을 처음으로 다룬 것은 4월 9일의 요미우리신문 석간 15면이었다. 지도를 이용해서, 아이들이 피난하려고 했던 신기타카미대교新北上大橋의 장소에 대한 설명을 하고 있다. 또한 쓰나미의 높이가 예측을 훨씬 뛰어넘었던 것에 대해 다음과 같이 다루고 있다.

> 미야기현 앞바다에서 두 개의 단층이 연동한 지진이 발생한 경우를 가정한 쓰나미 침수 예측에 의하면, 강 입구 부근은 약 5~10미터, 초등학교 주변은 1미터 미만의 쓰나미가 올 것이라고 했다. 하지만 이번에 초등학교를 엎친 쓰나미는 2층 건물의 학교 건물의 지붕마저 넘어, 뒷산 산기슭에서부터 약 10미터를 넘는 높이로 다가왔다.

그리고 "그 누구도 쓰나미가 여기까지 올 것이라고는 생각하지도 못했다" 같은 지역 주민의 한결같은 목소리를 담아 기술하고 있다.

아사히신문은 검증기사 〈30분간〉에서, 명운을 가른 지진 발생 이후 30분간의 사람들의 행동을 8일간에 걸쳐 특집으로 작성했는데, 〈그 순간에〉, 〈14시 46분부터〉, 〈그때부터〉라는 3단계에 걸쳐 지진 발생부터 쓰나미 도달까지와 쓰나미 도달 이후에 어떤 일이 있었는가를 검증했다.

이 기사가 게재된 것은 4월 9일에 열린 첫 번째 보호자 설명회의 다음 날이었다.

〈그때부터〉 중에서, 현장에서 유일하게 구조된 남성 교원이 증언한 설명회의 모습에 대해서도 보도하였다. 설명회 중에는 아이를 잃은 부모에게서 "우리 아이를 돌려줘!", "천재입니까? 인재입니까?"와 같은 성난 목소리와 비명이 오갔다고 보도되었다. 기사에는 오카와초등학교 교내를 찍은 사진이 게재되었는데, 건물 속에 토사가 산처럼 쌓여 있는 모습을 확인할 수 있었다. 2층의 유리창은 깨져, 2층 학교 건물 위까지도 토사가 올라와 있다. 사진은 오카와초등학교를 앗아간 쓰나미의 높이를 다시 한 번 실감하게 만들어 준다.

4월 19일의 마이니치신문 조간 25면은 다음과 같이 보도하며, 바로 뒷산으로 피난하지 않은 이유와 이시마키 시의 예측의 안이함을 지적하였다.

> 이시마키 시는 오카와초등학교까지의 쓰나미 도달을 예상하지 못했다. 시의 〈방재 가이드 맵〉은 이 학교를 피난소로서 "이용가능"이라고 명시해 놓았다. 가시와바柏葉 교장은 '제방을 넘는 쓰나미가 온다면, 막을 방법이 없기 때문에, 산에 피난장소를 만들자는 직원의 의견이 있었다. 뒷산은 미끄러지기 쉬운 지형이기 때문에, 계단을 만들면 좋겠다는 이야기가 있었지만, 얼마 있지 않아서 지진이 발생했다'고 밝히고 있다.

이렇게 지진이 있고 거의 1달이 지난 4월에 각 신문사들은 오카와초등학교의 검증기사를 속속 작성하기 시작했다.

계속해서 6월 4일에 두 번째 설명회가 열렸을 때 각 신문사들은 두 번째 검증기사를 실었다. 이들의 기사는 지진 발생부터 쓰나미 도달까지의 사람들의 모습을 싣고 있으며, 제2절에서 다룬 3월 11일의 쓰나미 도달까지의 모습에 대한 인용이 6월의 기사에 실려 있을 뿐이었다.

4 복수의 사례를 어떻게 연결해서 생각해야만 하는가?

지금까지 오카와초등학교의 검증기사를 보아 왔지만, 우리들 독자는 여기에서 무엇을 해석해 내야만 하는 것일까? 2012년 1월 22일 7개월 반 만에 열린 3회째의 설명회는 이시마키 시 교육위원회가 "위 학교의 쓰나미 피난 매뉴얼 등의 준비가 미비했던 점을 인정하며, '인재도 부분적으로 있다'고 하여, 사죄했다"(아사히신문 1월 23일 조간 39면). 이번 설명회는 처음으로 보도기관에 공개되었지만 보다 더 자세한 설명회를 요구하는 목소리도 있었다.

이와 같이 정기적으로 게재되고 있는 오카와초등학교의 기사를 보자면, 오카와초등학교의 사례가 특수한 예라고 생각될 수 있다. 하지만 우리들은 오카와초등학교의 사건을 독립시켜서 생각해서는 안 된다고 본다.

이번 지진에서는, 초등·중학교의 아이들을 어떻게 지켜야 하는가가 문제시된 사례가 몇몇 있었다. 결과적으로 많은 희생자를 낳은 오카와초등학교였는데, 만약 지진이 일어난 시각이 달랐다면 어떻게 되었을까. 만약 쓰나미의 도달이 늦었다면 어떻게 되었을까. 아이들이 하교 중이었다면 어떻게 되었을까. 무언가 조건이 조금만

달라진 것으로도 오카와초등학교 사건의 결과는 달라졌을지도 모른다. 또한 그것은 다른 초등·중학교의 경우도 마찬가지로, 그 어떤 곳에서도 피해가 확대되어 일어날 수 있었다. 즉, 오카와초등학교의 검증기사만이 아니라, 다른 초등·중학교는 어떠했는가를 포함해서 종합적으로 연결해서 생각할 필요가 있는 것이다. 다음의 2개의 검증기사를 보면, 각각의 사례를 연결해서 생각하는 것이 얼마나 중요한 것인가를 알 수 있게 된다.

첫 번째는, 마이니치신문의 '검증 대지진' 시리즈의 8월 12일자 기사이다. 이 날은 제1면에 "보호자에게 인도 후, 쓰나미 〔…〕 사망, 행방불명 초등·중학생 115명, 총 33개 학교 피해"라는 제목의 기사가 실렸으며, 이와 관련해서 14면과 15면에 특집이 구성되었다. 양 지면에는 4개의 초등·중학교의 예를 들어, 무엇이 피해 상황의 명암을 갈랐는가를 비교하여 보기 쉽게 게재하였다.

보호자에 학생이 인도된 후 22명의 아동이 사망한 이시마키 시립 가마釜초등학교가 있었는가 하면, 마중 나왔던 보호자에 인도하지 않고, 보호자도 함께 피난한 나토리 시립名取市立 세키가미関上초등학교의 경우, 결석한 1명을 제외하고 희생자는 나오지 않았다. 하지만 만약 쓰나미 도달이 늦어져 보호자에게 인도되었다면, 세키가미초등학교에서도 많은 희생자가 나왔을지도 모른다. 세키가미초등학교에는 학교 건물 3층이나 옥상으로 피난해서 무사할 수 있었다. 또한 가마이시 시립釜石市立 가마이시釜石초등학교에서는 지진 발생 시, 태반의 아이들이 하교하고 있었다. 이 초등학교에서는 하교 후를 가정한 쓰나미 훈련도 하고 있었기에, 지진이 발생했을 때 혼자서라도 고지대로 피하는 것이 잘 숙지되어 있어서 무사할 수 있었다.

그리고 특기할 만한 것은, 신문 지면의 4분의 3을 할애해 보도한 가마이시 시의 가마이시히가시釜石東 중학교에 관한 내용이다. 이 학교는 건물의 3층까지 물이 차올랐음에도 불구하고 전원이 무사히 피난할 수 있었다. 긴박했던 상황들에 대한 증언을 토대로, 지도를 사용하여 명쾌하게 전말을 보도하고 있다. 가마이시히가시중학교는 지진이 발생하자, 전교생이 지정된 대피소로 대피했다. 하지만 그곳도 위험하다고 판단하여, 더 높은 고지로 피난하여서 화를 피할 수 있었다.

두 번째는 9월 10일에 아사히신문 조간에 실린 특집기사이다. 이 날은 지진 발생 후 6개월이 지난 시점으로 1면에 특집으로 〈쓰나미피해를 입은 초등·중학교의 40%가 피난소를 명확히 지정하지 않았다〉라는 제목하에 기사가 게재되었으며, 10면을 모두 할애하여 오카와초등학교에 관한 특집을 실었다.

우선 제1면에 의하면, 이번 지진으로 건물의 1층 이상이 쓰나미에 잠기고, 학교를 사용할 수 없게 된 이와테·미야기·후쿠시마의 세 개 현에 소재한 56개 초등·중학교 중, 21개 학교에 피난장소를 재해 매뉴얼이나 피난계획에 명기하지 않았다고 한다.

이 중 모든 미야기현의 11개 학교에서는, 학교의 위층이나 옥상, 체육관 등에 피난한 까닭에 쓰나미 피해를 입었다. 이들 학교는 지역 피난소로도 지정되어 있어, 피난장소를 딱히 명기하지 않았던 학교 중에서도 8개 학교는 바다의 이상한 기미를 확인하거나 방재

방송을 청취하거나 해서 고지로 피난할 수 있었다.

또한 매뉴얼에서는 고지를 피난장소로 지정하였지만, 이미 늦었다고 판단하여 학교 건물의 옥상으로 피난한 학교도 있었다. 한편 학교 건물을 피난장소로 지정했지만, 건물의 붕괴를 두려워해 교정으로 피난한 학교도 있었다. 이 학교에는 집합 중에 학생 한 명이 쓰나미에 휩쓸리고 말았다.

매뉴얼이 충분히 갖추어지지 않았던 오카와초등학교도 마찬가지였다. 하지만 이만큼 많은 희생자가 나온 학교는 오직 오카와초등학교뿐이었다. 그렇다면 왜, 오카와초등학교만이 이렇게 피해를 키웠는가? 제10면에서는 오카와초등학교를 그 근처의 초등학교와 비교하여 검증하고 있다. 주변의 초등학교는 매뉴얼대로 뒷산으로 피했거나 당시의 판단에 따라 급히 학교 건물로 피난하거나 했으나, 하지만 오카와초등학교와 같은 사태는 일어나지 않았다.

한편 오카와초등학교의 건물 지붕은 비스듬하게 건축되어 있었기 때문에 많은 사람이 피난할 만한 공간이 없었다. 결국 시간을 너무 지체한 까닭에 피난 도중에 쓰나미와 직면하게 된 것이다. 이 기사의 제목은 〈어째서 산으로 피난하지 않았는가?〉였다.

5 검증기사를 어떻게 활용할 것인가

이번 지진에서는, 각 신문사가 특히 피해가 컸던 사건에 관한 검증기사를 실었다. 기사 중에서 그 사건이 어떤 것이었는가, 왜 그것이 일어났는가를 제시했다. 또한 복수의 사례를 연결시켜 기술했으며, 그와 동시에 그림이나 사진을 다양하게 실어 독자의 이목을 집중시킴과 동시에 시각적으로도 포착하기 쉽도록 노력했다. 취재 내용뿐만 아니라 싣는 방법의 기술도 주목할 만하다고 하겠다.

내가 오카와초등학교의 기사를 검증하면서 느낀 점은 하나의 사례에만 집착하거나 사로잡혀서는 안 된다는 점이었다. 초등·중학교의 피난의 경우, 같은 상황에서도 각각의 사례가 조금씩 상이한 모습을 보였고, 이를 통해 서로 다른 결과가 초래되었다. 따라서 하나하나의 사례를 검증하여, 그 공통점을 찾고 각각의 사건을 연결함으로써 교훈을 얻지 않으면 안 된다.

동시에 지진 1개월 후나 반년 후 등의 시기마다 게재된 검증기사는, 지진의 기억을 퇴색시키는 것을 막는 역할도 담당했을 것이다. 또한 그 당시 일어난 사건을 다시 한 번 검토하고, 보도의 시점에서 재정의하고 있다고도 볼 수 있다.

이번 지진에서는 많은 사람들이 희생되었다. 신문사는 지금부터라도 지진에 대해 다양하게 검증하는 것을 통해, 그 교훈을 후세에 남기지 않으면 안 된다. 지면상에서 현장의 상황이나 피해 확대의 요인을 어떻게 제시할 것인가에 대해 고민하고, 단순한 문장만이 아니라, 사진이나 그림을 조합하여 독자가 이해하기 쉽게 지면을 만드는 노력도 계속해서 추구해 나아가지 않으면 안 된다.

또한 우리들 독자도, 신문사가 내보내는 검증기사를 기반으로 다음의 재해를 어떻게 대비해야 하는가를 생각하지 않으면 안 된다. 같은 상황하에서도 사소한 차이가 전혀 다른 결과를 불러온 사례는 얼마든지 있다. 같은 상황에 직면했을 때, 우리들은 어떻게 행동할 것인가? 검증기사는 우리들에게 이와 같은 큰 질문을 던지고 있다고 하겠다.

철골만 남은 미나미산리쿠초 방재대책청사
(10월 21일, 린 이셴 촬영)

닛타 오사무新田修

1 보도에 관한 네 가지 의문

2011년 3월 11일, 거대한 쓰나미가 미나미산리쿠초南三陸町를 덮쳤다. 미나미산리쿠초는 미야기현 북동부에 위치하고 있으며, 이번 지진에 의해서 괴멸적인 피해를 입은 지방자치단체 중 한 곳이다. 사망자 및 행방불명자(신고 수)는 합계 876명 이상이다(2011년 11월 30일 현재 미야기현 홈페이지).

우리들은 10월 21일부터 3일간, 미야기현·후쿠시마현의 피해지 방문을 실시하여, 첫날에 상기 마을을 찾아갔다. 현지의 파괴된 가옥, 잔해가 수두룩하게 산더미같이 쌓여 있는 광경에서, 마을을 덮치고 간 대형 쓰나미의 거대함과 두려움을 뼈저리게 느낄 수 있었다. 이는 지금까지도 나의 뇌리에 깊게 남아 있다.

그중에서 멀리서도 한 번에 알아볼 수 있는 건물이 있었다. 미나미산리쿠초 방재대책청사였다. 지방자치단체는 당초, 이 철골만 남은 건물을 재해에 대한 기억을 계승할 상징으로서 보존할 예정이었으나, 마을 사람들로부터 "볼 때마다 가슴 아픈 기억이 되살아난다"는 반대의 소리가 높아져(2011년 9월 2일 아사히신문 석간 10면), 해체하기로 결정했다. 그만큼 이 건물은 마을 주민에게 공포를 되살아나게 한다는 것을 알 수 있다. 나도 이 무시무시한 건물을 눈앞에 마주서자, 시민들의 생각에 공감할 수밖에 없었다.

나는 전부터 미나미산리쿠초에 관심을 가지고 있었다. 이는 지진 후에 미디어에서 많은 취재에 응한 미나미산리쿠초 방재대책청사의 엔도 미키 씨의 보도를 접하고부터이다. 그녀는 미나미산리쿠초의 직원으로, 동일본지진에 의해 쓰나미가 덮쳐 왔던 바로 그때, '방재대책청사에서 재난방송을 통해 주민에게 최후까지 피난을 가라고 계속 외쳤다'고 하며, 그녀는 나중에 싸늘한 주검으로 발견되었다. 그녀에 대한 보도는 많은 시청자, 독자의 반향을 불러일으켜, 전국에서 그녀를 추도하는 자선행사도 개최되었다. 또한 노다野田 수상도 담화에서 "방재청사의 무전기에서 흘러나오던 그녀의 목소리에 용기를 얻어, 목숨을 구한 사람이 많이 있었습니다. 공포에 목소리를 떨어가면서도 최후까지 외치는 것을 멈추지 않았던 그녀는, 쓰나미에 휘말려 다시 돌아올 수 없는 사람이 되고 말았습니다"라고 그녀의 용기 있는 행동을 언급했다. 자신의 목숨을 희생하면서까지 주민을 지키고자했던 자세를 전달했던 보도에서, 나를 포함하여 많은 일본인이 감동하여 애도를 표했다.

다시 본론으로 돌아와서, 피해지 방문 중에 나는 사토 진佐藤仁 미나미산리쿠초 대표에게 직접 질문을 할 수 있는 기회를 얻을 수 있었다. 그는 지진 직후에 방재대책청사의 옥상으로 피해, 쓰나미에 휩싸였지만 옥상에 있는 안테나를 붙잡고 기적적으로 목숨을 구한 인물로서, 지진 당일의 방재대책청사에서 일어난 사건들에 대하여 누구보다도 잘 알고 있는 인물이다. 나는 마음에 두고 있던 엔도 미키 씨의 일에 대하여 물어보았으나, 다음과 같은 생각지도 못한 대답이 돌아왔다.

> 엔도 미키 씨가 최후까지 피난을 가라고 외쳤다고 보도가 많이 되었습니다만 사실을 말하자면 실제로 마지막까지 외쳤던 것은 그녀의 상사입니다. 그리고 그녀도 옥상으로 피했습니다. 게다가 마지막까지 대피하라고 외치던 그녀의 상사도 옥상으로 피해 있었습니다.
>
> 매스컴이 엔도 미키 씨만을 비극적으로 보도하면서 그 영향이 노다 수상의 담화에까지 영향을 끼치고 말았습니다만, 한번 보도된 것은 여간해서 수정하기 어렵다는 것을 실감했습니다.

나는 이 대답을 듣고, 적잖이 놀랐으며, 또한 동시에 의문을 가지게 되었다.

· "엔도 미키 씨가 마지막까지 피난을 가라고 외치던 인물이다" 라는 나의 인식은 어디에서 기인한 것일까?

· 어째서 엔도 미키 씨가 비극의 주인공으로 널리 보도된 것일까?
· 마지막까지 마이크를 통해 대피하라는 목소리를 높였던 상사는 누구인가?
· 그 상사의 행동은 신문에 보도되었는가

여기서 이 4가지 의문을 해결하고자, 미나미산리쿠초 방재대책청사의 엔도 미키와 그의 상사에 관한 보도에 대하여 전국지 3개 신문(아사히, 마이니치, 요미우리 신문)은 어떻게 보도했는가에 관해 조사했다. 또한 기사의 검색은 각 신문사의 인터넷상의 기사 검색 기능을 사용했다.

2 '마지막까지'의 의미

우선 첫 번째 의미를 해결하기 위해서 지진 다음 날인 3월 12일부터 11월 30일까지의 기사에서 '엔도 미키'란 단어를 각 신문사의 전국판을 대상으로 키워드 검색을 실시했다. 그 결과를 통해 신문에서 엔도 미키 씨가 어떻게 다루어졌는지를 알 수 있을 것이라고 생각했기 때문이다. 그 결과 아사히신문이 5건, 마이니치신문이 7건, 요미우리신문이 6건이라는 결과가 되었다(또한 사망자의 기사, 노다 수상의 담화와 관련된 기사는 신문사의 독자성이 나타나지 않기 때문에 여기에서는 그 기사들을 제외하였다). 그 결과, 엔도 미키 씨를 다룬 기사 수에서 보면, 각 신문사별로 큰 차이는 없었다. 하지만 그 내용을 보자면, 독자로부터의 기고이기는 하지만, 마이니치신문 기사 중 1건만이 '마지막까지'라는 표현을 사용한 문장이 있었다. 다음은 해당 인용문이다.

> 동일본대지진의 피해를 전달하는 본 신문의 어느 기사를 읽었다. 나도 16년 전의 한신대지진阪神大震災에서 심한 지진을 경험했지만 이 기사를 보고 눈물이 흘러, 무어라 형용할 수 없는 기분이 들었다. 거리는 괴멸상태에 빠졌고, 인구의 약 반수를 넘는 시민들의 안부를 알 수 없게 된 미야기현의 미나미산리쿠초의 위기관리과 직원인 엔도 미키遠藤未希 씨와 관련된 기사이다.
>
> 25세의 엔도 씨는 지진 후에도 구청 별관의 방재대책청사에 남아, 피난을 외치는 방재 무선방송을 실시했으나, 지진이 있고 나서 약 30분 후, 높이 10미터 이상의 쓰나미가 덮쳐 와서 그만 행방불명이 되었다고 한다. '6미터의 강한 파도가 다가옵니다. 빨리 도망가세요!'라고 하던 엔도 씨의 방송 소리를 듣고 옷만 걸친 채 피난한 주민이 있었다고 보도하고 있다.
>
> 예상을 훨씬 상회하는 거대한 쓰나미가 다가오고 있는 와중에, 마지막까지 마이크를 잡고 목소리를 짜내어 '빨리 도망가세요!'라고 절규했던 방송으로 얼마나 많은 주민이 목숨을 구할 수 있었는가를 생각하니 가슴이 메어 온다. 공무원으로서 책임을 다하고자 했던 엔도 씨의 자세에는 머리가 숙여질 뿐이다. 엔도 씨 등 행방불명자의 무사함을 기원해 마지않는다. (2011년 3월 18일, 마이니치신문 도쿄 조간 11면)

나는 '마지막까지'라는 표현에는 두 종류의 선택 방법이 있다고 생각한다. 하나는 쓰나미가 덮쳐 죽는 순간, 소위 '임종' 시까지. 또 다른 하나는 누군가가 최후에 마이크를 사용하여 피난을 외쳤는가라는 순번에 의한 '마지막'까지가 되겠다. 하지만 엄밀히 말하면 엔도 씨는 위의 어느 것에도 해당되지 않는다. 앞선 사토 진 씨의 증언에 의하면, 쓰나미가 덮치던 순간 옥상에 피난해 있었기 때문이다. 따라서 그녀가 '임종' 시까지 마이크에 대고 외쳤던 것은 아니다. 후자의 경우도 마찬가지로, 그 순번을 고려해도 마지막에 피난할 것을 외쳤던 것은 사실 엔도 씨의 상사였다. 따라서 그녀는 '마지막'까지 외쳤던 것은 아니라고 하겠다.

인용한 기사로 돌아가서 '마지막까지 마이크를 잡고'라는 표현이 있는데, 이 표현은 두 가지 해석의 그 어느 쪽의 해석과도 부합하지 않는다. 이번의 데이터베이스상의 기사검색에 의한 조사에 의하면, 전국지 3개 신문에서의 엔도 미키 씨의 기사에 관련하여 '마지막까지 계속 외쳤다'라고 보도한 신문사 기사는 한 건도 없다는 결과를 얻었다. 이 결과를 통해 엔도 미키 씨에 대한 신문보도 시각 신문사는 단어를 신중하게 선택하여 보도하고 있었다고 할 수 있다. 그렇다면 앞서 인용한 문장을 기고한 독자를 포함한 수많은 사람들이 가지고 있는 "엔도 미키 씨가 마지막까지 대피 안내를 외쳤다"라는 인식은 무엇에 기인하는 것일까?

여기서 인터넷 동영상 사이트인 유튜브(You Tube, http://www.youtube.com/)에서 '엔도 미키遠藤未希'란 단어로 검색을 해 보니, 놀랄 만한 결과를 얻을 수 있었다. 언제, 어떤 TV방송국의 뉴스인지는 모르지만, 톱뉴스로 엔도 미키 씨에 관해 보도한 뉴스 영상(http:// www.youtube.com/watch?v=M-neskB4FOc)이 있었고, 게다가 그 영상에는 "마지막까지 계속해서 재난방송을 한 행방불명의 여성이 구한 생명"이라는 자막이 나타난다. 여기에는, TV방송국에서의 취재 방법이 기록으로 남겨져 있었고, 이 영상은 유튜브에서 반복해서 시청되면서 의식을 형성하게 되었고 큰 영향력을 가지게 되었다고 생각된다. 이 사실을 통해, 내가 잘못된 인식을 가진 것은, 신문 이외의 TV를 중심으로 한 영상 미디어에 의한 것이 아닌가 하는 것이 나의 결론이라고 하겠다. 이와 같은 조사를 통해서 미디어가 발하는 '말'이 갖는 무게와 무서움을 다시 한 번 인식할 수 있었다.

3 왜 엔도 미키 씨만이 보도되었는가

두 번째 드는 의문은 왜 TV, 신문을 시작으로 한 미디어에서 엔도 미키 씨만이 비극의 주인공으로 집중적으로 보도되었는가라는 점이다.

엔도 미키 씨에 관련한 기사를 각 신문사의 데이터베이스에서 읽어 본 결과, 그것은 그녀가 갖는 '드라마성'이 강한 메시지를 품고 있었기 때문에, 소위 말하는 미담으로서 보도되기 쉬웠다는 결론에 이르게 되었다.

우선, 그녀는 지진 당일 24세의 젊은 나이였으며, 게다가 2010년

7월에 혼인신고를 하고 2011년 9월에 결혼 축하파티를 앞두고 있었다. 그와 같은 희망과 행복에 가득했을 인물이 쓰나미가 닥쳐오는 와중에서도 자신의 목숨을 돌보지 않고 주민 피난을 독려하여 수많은 생명을 구했다는 사실은 마치 드라마의 내용과도 같다. 이는 시청자 및 독자에게 전달되는 메시지성이 매우 커서, 이와 같은 이유로 인해 미디어는 그녀에 대하여 집중적으로 보도했다고 생각할 수 있다.

그리고 3번째, 이 상사는 누구인가?라는 의문인데, 이 의문은 쉽게 해결할 수 있었다. 기사검색을 통해 요미우리신문의 데이터베이스에 다음과 같은 기사를 발견했기 때문이다.

> 동일본대지진의 쓰나미로 파멸적인 피해를 입은 미야기현 미나미산리쿠초의 방재대책청사에 위험을 무릅쓰고, 방재무선으로 주민에게 피난을 계속 외치던 직원이 있다. 위기관리과의 미우라 다케시三浦毅 씨(52)와 엔도 미키遠藤未希 씨(24)로, 가족들의 필사적인 탐색에도 불구하고 지금도 행방불명인 채이다. 〔…〕 (2011년 4월 19일, 요미우리신문 도쿄 조간 34면).

이 기사에서 마지막까지 마이크를 통해 대피방송을 외쳤던 목소리의 주인공이 엔도 미키 씨와 같은 미나미산리쿠초 방재대책청사 직원인 미우라 다케시 씨라는 것을 알 수 있었다.

마지막으로 네 번째, 미우라 다케시 씨의 행동은 신문에 보도되었는가?라는 의문이다. 앞서 세 번째의 의문점의 해결과 동시에 미우라 씨가 보도되었다는 사실을 확인할 수 있었다. 하지만 어느 정도 보도되었는가를 더욱 상세히 조사할 필요가 있기 때문에 3월 12일부터 11월 30일까지의 기사에서 '미우라 다케시三浦毅'로 전국판을 검색해 보았다. 그 결과 미우라 씨와 동명이인인 경우를 제외한 기사 수는, 아사히신문이 2건, 마이니치신문이 0건, 요미우리신문이 2건이었다.

이 결과를 보면, 미우라 씨는 확실히 신문에 보도되었지만, 마이니치신문에는 한 건도 그의 기사가 존재하지 않는 데다가, 보도에서 차지하는 비율은 같은 미나미산리쿠초 방재대책청사에서 재해를 입은 엔도 미키 씨의 것과 비교해 보면 매우 낮은 것을 알 수 있다. 또한 그가 "마지막까지 마이크에서 대피를 외쳤다"는 사실을 보도한 기사는 단 한 건도 존재하지 않았다. 두말할 필요도 없이 엔도 씨가 자신의 목숨을 희생해서 지역 주민에게 피난을 외쳐 많은 목숨을 구한 것은 사실이며, 그것은 크게 보도할 가치가 있다. 하지만, 함께 자신의 위험을 감수하고 진정으로 '마지막까지' 피난을 계속 외쳤던 미우라 다케시 씨의 보도가 각 신문사에서 매우 적었던 것은 문제가 아닐까 한다. 오히려 그의 행동이 더 크게 보도할 필요가 있다고 본다. 물론 이 두 분 모두 목숨의 위기가 현실이 되고 만 상황 속에서 그 역할을 끝까지 다하려고 노력하였음을 기억해야만 한다.

마치며

나는 결코 미우라 다케시 씨도 엔도 미키 씨도 함께 미담으로서 취급받았으면 하는 것이 아니다. 그가 신문을 포함한 미디어에서 '거의 보도되지 않았다'는 그 사실이 문제라고 생각하는 것이다. 신문에는 기사의 분량에 제약이 있다. 따라서 보도하는 내용에 우선순위가 존재하는 것은 이해할 수 있다. 하지만, 미나미산리쿠초 방재대책청사의 보도에서, 미디어는 너무나 엔도 씨라는 사람만을 대상으로 포커스를 맞추었으며, 그로 인해 미우라 씨와 같이, 마땅히 보도되어야만 하는 사실이 보도가 되지 않는 현상이 나타나게 되었다. 이 사례를 통해, 보도대상에 대한 치우침에 의해 보도되어야 할 현상이 보도되지 않는 저널리즘의 약점을 확인할 수 있었다고 본다.

제 10 장

나가노현 사카에무라

—또 하나의 재해지역과 지역생활에 대한 보도의무

나가노현 사카에무라의 요코쿠가 가설주택
(8월17일, 보쿠 데쓰히로 촬영)

보쿠 데쓰히로朴哲宏

1 3월 12일의 지진

동일본대지진이 발생한 다음 날, 나가노현長野県 사카에무라栄村에서 발생한 지진피해는, 반파 및 전파를 모두 합쳐 202동 205세대의 가옥피해, 국도 117호선 등의 도로의 절단, 47ha의 농지 피해를 냈다. 또한 지진 당초, 804세대에 걸친 피난 지시가 있었는데, 이것은 사카에무라의 인구 2,279명, 915세대의 90%에 해당한다.

전국지 3개(아사히, 마이니치, 요미우리 신문) 중 마이니치신문은 피해 당일 석간에서 나가노현 북부지진이라고 이름을 붙이고, 다음과 같이 보도하고 있다.

12일 오전 3시 59분경, 나가노현 북부를 진원으로 하는 매그니튜

> 드 6에서 7 정도의 지진이 발생해, 나가노현의 사카에무라에서 진도 6의 강한 진동을 관측했다. 매그니튜드 5급의 여진이 같은 날 4시 31분경과 5시 42분에 발생하여, 사카에무라 전반에 걸쳐 진도 6의 미만의 지진을 기록했다. (마이니치신문 3월 12일 석간 4면)

피해 당일의 3개 신문 기사에는 그 외에도, 아키야마고秋山郷 130세대가 고립되었으며, JR 이야마선의 선로손상, 도부東部 체육관의 천장 낙하, 정전 등에 관한 내용이 기사화되었다. 전국판의 지면에 사카에무라의 피해에 관한 보도기사가 다음에 등장하는 것은 마이니치신문 3월 20일 조간이다. 이 기사에는 이재민, 단수, 주택의 파괴, 나카조강中条川의 토사 유출 등이 실려 있다. 아사히신문은 22일 기사에 21일이 피난 지시 해제에 관한 내용을 다루고 있다. 요미우리신문에서는 지면상에 마련된 생활 관련 정보란에 사카에무라가 연일 등장하기는 하였으나, 이후 사카에무라에 대한 독립된 보도기사가 재등장하는 것은 6월 2일 조간까지 기다리지 않으면 안 된다.

3개 신문의 전국판 지면에는, 사카에무라에 관한 취급은 한결같은 간격이 있다. 산발적인 보도 경향을 엿볼 수 있는데, 이 사카에무라의 피해는, 동일본대지진이 일어난 다음 날에 일어났다는 점이 영향을 미친 까닭에, 전국판 지면에서 소홀히 다루어지는 경향이 강했다. 그러한 와중에, 지진 발생 당초부터 사카에무라의 피해에 관해 취재를 이어간 것은 3개 신문사의 나가노지국(지역판)이었다.

전국지의 보도 중에 나가노지국의 기자들은 어떻게 사카에무라을 취재했을까. 우선 그곳에서 보이는 지역판의 역할을 검증하고

표 1 전국 3개 신문의 월별 사카에무라의 지진에 관한 기사 건수

	3월	4월	5월	6월	7월	8월	9월	합계
아사히 나가노 지역판	24	20	16	20	3	11	6	100
마이니치 나가노 지역판	26	15	10	14	9	2	7	83
요미우리 나가노 지역판	31	21	17	18	14	9	15	125
아사히 전국판	5	5	0	2	0	1	1	14
마이니치 전국판	6	4	4	4	2	0	3	18
요미우리 전국판	45	35	2	3	4	3	2	94

자 한다. 그리고 이어서 지진 후 등장한 블로그가 신문보도가 미치지 않는 부분의 역할을 담당한 것에 대하여도 기술하고자 한다.

2 지방지국의 시선

나가노의 지역판과 전국판 지면의 사카에무라의 지진에 관한 기사 건수를 상호 비교하는 것을 통해, 전국판과 지역판의 역할의 차이를 분명히 할 수 있지 않을까?라고 생각했다. 지진이 발생한 3월 12일부터 9월 말까지 전국지면과 나가노의 지역판에 실린 사카에무라의 기사 건수를 조사하여 〈표 1〉을 만들었다. 검색에는 전국 3개 신문의 기사 데이터베이스를 사용하였다.

전국판 지면에서는 아사히신문, 마이니치신문의 3월부터 9월 말까지의 기사 건수가 전체적으로 적었던 것과 달리, 3월과 4월의 요미우리신문의 기사 건수는 두드러진다. 3월과 4월의 요미우리신문의 사카에무라에 관한 기사 건수는 모두 80건으로, 이 중 70건은 3월 12일의 지면상에 설치된 〈지진게시판〉의 생활 관련 정보 항목에 해당된다. 이 〈지진게시판〉에는, 급수나 피난소와 같은 라이프라인 등, 이재민의 생활에 도움이 되는 정보와, 의연금이나 재해대책본부의 연락처와 같은 지원에 도움이 되는 정보가 게재되어 있다. 전국판 지면 보도에는, 단발적인 사카에무라에 관한 보도기사가 적은 것은 맞지만, 전국판 지면 보도도 사카에무라의 일을 잊고 있던 것은 아니며, 이는 독자의 〈지진게시판〉과 같은 생활 관련 정보 항목에 나타나 있다.

한편, 각 신문사의 나가노의 지역판은 지진이 발생한 당초 3월부터 거의 연일, 사카에무라와 관련된 기사를 보도하고 있었으며, 7월을 경계로 각 사의 기사수의 감소경향이 현저해지기는 하였으나 그때까지는 지역판의 사카에무라에 대한 기사 수는 일정량을 유지, 전국판 지면 보도를 보충하는 지속성을 보여 주고 있다.

또한 기사 내용에 주목해 보면, 3월의 지역판에는 마을의 피해 상황이나 피난 주민의 일을 중심으로 하는 기사가 많았지만, 이를 전국판 지면과 비교하자면, 졸업식이 연기된 기타노부北信초등학교나 도부東部초등학교에 관해 상세하게 설명하고 있는 등, 사카에무라의 생활과 밀착된 보도경향을 보여 주고 있다. 4월에 눈이 녹은 후, 지금까지 분명하지 않았던 가옥이나 농지의 피해가 분명해졌고, 자연히 복구를 위한 움직임도 왕성해졌다.

이와 같은 움직임은 6월 말까지 지역판의 보도건수에 반영되어 있다. 피해 사실의 상황만이 아니라, 사카에무라의 피해 후의 생활에 주목했다는 점, 특히 사카에무라의 복구활동에 많은 기사가 할

애되어 있다는 것이 전국판 지면 보도와 지역판 보도와의 가장 현저한 차이점이라고 하겠다.

지방지국의 역할을 단적으로 나타내는 것으로 다음과 같은 단어를 들 수 있다. 이것은 어느 나가노지국의 기자의 말(8월 16일의 오쿠보大久保 마을에서의 인터뷰)이다. 그 말에 어떤 이념적인 보편성이 있었기에 인용해 보았다.

> 원래, 노인들이 많고, 마을들의 인구가 줄어 공통체로서의 존립이 어렵게 변화하고 있다. 이는 사카에무라만의 문제가 아니라 우리들의 각자의 고향이나 살고 있는 곳의 공통의 문제이기도 하다. 그것을 완곡하게나마 알 수 있도록 기사가 작성되어야 한다고 생각하고 취재를 하고 있다. 지역 커뮤니티를 어떻게 유지해 갈 것인가와 같은 문제가 지진을 계기로 분출되고 있다.

지방지국의 기자는, 지역의 생활에 초점을 맞춘 보도를 위해 노력하고 있다. 그것은 지역판과 전국판 지면을 비교했을 때, 기사의 양, 그리고 지진 후의 마을사람의 생활과 밀착된 내용인가의 여부에 확실히 반영되고 있다.

또한 사카에무라의 사례의 경우, 지진 후에 성립된 NPO법인 '사카에무라 네트워크'가 운영하는 블로그 '사카에무라 복구를 위한 길(구 사카에무라의 상황)'(http://sakaemura-net.jugem.jp/)도 주목할 만하다. 사카에무라에 정착한 NPO 이사인 마쓰오 쓰바사松尾翼 씨가 이재민 당사자로서 지금도 블로그에 기사 집필을 계속하고 있다. 이 블로그에서 검증하고자 하는 것은 일상이 파괴된 이후, 사람들의 생활 모습이다.

3 사카에무라 네트워크

우선 블로그 '사카에무라 복구를 위한 길'의 전신이었던 사카에무라 네트워크의 활동에 관해 먼저 설명해 두고자 한다.

사카에무라 네트워크는, 우선 2006년에 임의단체로서 설립되었다. 그 후 2009년에 NPO 법인으로서 등록했다. 멤버는 마쓰오松尾 씨와 같은 일부를 제외하고, 거의 대부분이 사카에무라의 마을의 주민으로 구성되어 있다. NPO의 이사장인 고타키小滝 농촌취락의 히구치 도시유키樋口利行 씨에게 물어본바(10월 16일 부흥 심포지엄 후, 사카에무라 주민센터 앞에서의 인터뷰), 사카에무라 네트워크를 설립하게 된 계기가 된 것은 이사인 마쓰오 씨의 존재가 컸다.

> 사카에무라의 풍경이라든지, 오래된 민가 등 농촌에서의 생활을 다른 각도에서 보는 시점을 가졌던 것이 마쓰오 씨입니다.

원래 마쓰오 씨는 교토京都 출신으로, 외지 사람이었다. 어느 날 인가부터 마을에 정착하게 된 후, 점차 사카에무라의 주민이 되었다. 히구치樋口 씨가 말하는 마쓰오 씨의 시점이란, 마을의 풍경이나 옛 민가의 정취를 느끼는 마음, 그리고 맛있는 음식, 사람들의 상냥함 등을 예사롭지 않게 바라보는 것이라고 했다. 외부에서 온 사람들이 '마을'(여기에서의 '마을'이란, 행정 단위가 아님)에서 발견할 수 있는 가치인 것이다. 그리하여, 도시인들에게 전통적인 가치를 가진 '마을'의 생활을 체험할 수 있도록 하는, '마을 여행'과 같은 활동이 시작되었다.

지진 후 8월 말에 사카에무라에서는 〈여름 축제를 후원하기 위한 '마을 여행' 투어〉가 개최되었다. 이때 16일에 열린 오쿠보大久保 마을의 여름 축제에 대해, 마쓰오 씨는 이렇게 서술하고 있다(8월 17일, 가설 마을회관에서 인터뷰).

> 외부인들과의 교류를 통해 자신들 '마을'의 가치를 다시금 생각해서 바로잡고, 이를 바탕으로 조금씩 자신들이 있는 곳을 개선해 나간다면 효과가 있을 것이라고 생각하는데, 오쿠보 마을도 그러한 과정을 시작한 것이라고 생각합니다.

사카에무라는 고령화로 인한 인구 과소 등의 문제를 안고 있었다. 인구가 감소함에 따라, 마을 전체의 활력이 약해졌지만, 외부인과의 교류를 통해 마을 사람들은 자신이 사는 곳에 대하여 자신감을 되찾는 것이 가능한데, 이렇게 마을 고유의 가치를 재검토해 가는 것이 사카에무라에서의 삶을 활성화시키는 길인 것이다. 이와 같이 도시와의 교류를 통해 마을의 활성화를 추구하는 것이 사카에무라 네트워크의 주된 활동이다.

사카에무라 네트워크는 임의단체였을 때, 오사카에 살고 있는 관리자의 도움으로 홈페이지('Sakaemura.net' http://www.sakaemura.

net/index.htm)를 개설하여 운영해 왔다. 홈페이지에는 사카에무라 네트워크 멤버의 에세이 외에도, '마을 여행'이나 '아오쿠라青倉의 쌀 직매'와 같은 이벤트를 실어 선전활동을 진행했다.

4 사카에무라 복구를 위한 길

지진 후인 3월 14일. 블로그 '사카에무라 복구를 위한 길(구: 사카에무라의 상황)'은 사카에무라의 관계자였던 마쓰오 씨의 메일과 리포트를 바탕으로 시작되었다. 운영은 이전의 사카에무라 네트워크의 홈페이지의 관리자가 담당했다.

지진 당시의 내용은 지진상황이나 피난소, 배수, 교통정보 등의 라이프라인의 정보 그리고 지원금, 봉사활동에 관한 기사가 대부분을 차지하고 있었다. 봉사활동 관련 기사는 3월 18일을 시작으로 게재되기 시작했는데, 그 내용은 사카에무라 복구지원기구 '유이結い'〔마을의 공동 작업을 가리키는 말로, 한국에서 농민들이 농번기에 농사일을 공동으로 하기 위하여 부락이나 마을 단위로 만든 조직인 '두레'와 유사하다—옮긴이〕라는 봉사활동 센터에 관한 내용이었다. 운영단체가 사카에무라 네트워크였기 때문에, 블로그는 '유이'의 등록창구 역할을 담당했다.

블로그에서는 '유이'가 시작되기 4일 전에 봉사활동에 관한 등록 고지를 실시했다. 사카에무라에서의 봉사활동은 사전등록제를 통해 실시했는데, 마을마다 지원요청이 발생하면, 봉사활동 등록자에게 통지를 주는 구조였다. 마을의 요구사항에 세심하게 응대하기 위해, 주로 나가노의 호쿠신北信 지역에 거주하고 있는 등록자 및 나가노 시中野市와 같은 사카에무라 주변에 거주하는 사람들에게 통지가 가도록 되어 있었다. 대상은 한정적이었다. 마을에서 도시로 정보를 발신하는 형태를 취했던 것이다.

여기서 중요한 것은, 블로그가 '사카에무라 복구를 위한 길'로 명칭을 바꾼 후, 봉사활동의 등록창구를 계승하는 형태로 새로운 '마을 여행'의 모집을 시작했다는 점이다. 8월 13일부터 17일에 걸쳐서 행해진 '여름축제 응원 마을여행 투어'가 그 첫 번째 행사였다.

이때의 '마을 여행'에는, 재해로 인한 마을의 존속에 대한 위기감이 반영되었는데, 사카에무라에는 전 세대의 20퍼센트가 가옥 피해를 입었으며, 집을 잃고 가설주택에 입주하여 마을 밖으로 피난을 간 주민이 많았다. 그들이 차례로 마을을 떠난다면, 인간관계의 상실이 시작되게 되는 것이다.

'마을 여행'은 재해 후에 재해를 입은 주민이 원래의 삶을 영위했던 장소로 돌아오는 기회를 제공하는 것이기도 했다. 이는 외부와의 교류와 함께 결합되어, 블로그 '사카에무라 복구를 위한 길'은 마을 내의 연결고리와 사카에무라와 외부를 연결하는 가교역할을 하고 있는 것이다.

또한 이는 지원성금의 모집 기사에도 나타난다. 성금에 관한 기사에서, 가장 눈에 띄는 것은 '아오쿠라青倉 마을회관 재건기금'과 관련된 내용이다. 3월 23일 블로그에는 지진 직후에 파괴된 아오쿠라 마을회관을 재건하기 위한 기부를 호소했는데, 4월 29일까지 672만 엔의 금액이 모였다.

호소의 주체는 사카에무라 네트워크가 아닌 마쓰오 씨를 포함한 4명이었으며, 성금의 명의는 아오쿠라 마을의 히로세 아키히코廣瀨明彦 씨였다. 그는 사카에무라 네트워크의 본래 활동이었던 '아오쿠라 쌀 직매'와 관련된 인물 중 한 사람이다. 마쓰오 씨에 의하면 "도시의 사람들과 아오쿠라의 주민과의 교류를 담당하는 중심인물 중 한 사람이었기 때문에 성금 구좌의 명의를 부탁했다"고 했다. 〈부흥지원 다큐멘터리 '미래로의 교과서'~For Our Children〉라는 TV 프로그램 중 제11회, 〈또 하나의 지진기록, 나가노현 사카에무라〉(BS 채널 12)에서 히로세 씨는 다음과 말했다.

> 무엇보다도, 모두가 모이는 장소는 마을회관이니까요. 마을회관에서 모든 것이 결정됩니다. 아오쿠라의 모든 일이 말이죠.

이는 하나의 '독립된 재건기금'이 가옥이 붕괴된 마을 사람에게 분배될 '분배 성금'과는 별도로 조성되었다는 것을 의미한다는 점에서 의의가 있다.

아오쿠라 마을에 마을회관은 모임을 개최하는 장소이면서, 마을의 내부결속을 위해 반드시 필요한 것이었다. 사카에무라에서도 특히 큰 피해를 입은 아오쿠라에서는, 마을 내에서 복구 방침을 결정하는 데에 마을 회관의 재건은 필수적인 것으로서, 마을 차원의 공동 공간의 회복이 무엇보다 중요했던 것이다.

지금까지 전국지의 지방지국의 역할, 그리고 블로그 '사카에무라 복구를 위한 길'에 대한 논의를 통해서, 지역의 삶에 눈높이를 맞추어 접근한 미디어의 역할에 대해 확인해 볼 수 있었다.

제 11 장

오시카반도·구구나리하마

—'힘내라'는 사고가 정지된 의미 없는 말

쓰이히지 마리築比地真理

1 새로운 생활

일본인에게도 낯선 지명인 구구나리十八成는, 오시카반도牡鹿半島의 가장 끝에 위치하고 있는데, 이곳은 예전에 해수욕장으로 번성하였다. '나키스나鳴き砂'라고 불리는 구구나리하마十八成浜의 해변 모래는, 그 위를 걸으면 모래를 밟을 때마다 '큐, 큐' 하는 소리가 난다. 이 때문에 '구구나리'〔일본어로 9는 큐(九, きゅう), 9+9=18(十八)〕라고 이름을 지었다고 한다. 이 구구나리의 아름다운 모래사장의 풍경은 3월 11일 대지진을 동반한 쓰나미에 사라져 버리고 말았다.

우리들이 방문했을 때, 가설주택이 지어져 그것에서 새로운 생활이 이미 시작되고 있었다. 줄줄이 늘어선 가설주택의 앞에는 화분에 심은 작은 꽃이 몇 개 피어 있고, 그것들을 소중하게 키우고 있는 주인의 모습이 있었다. 가설주택 앞에는 주민이 모이기 위한 담화실과 같은 방이 있었는데, 우리들은 그곳으로 안내를 받았다.

"먼 곳까지 와 주셔서 감사합니다. 편안히 앉으세요"라고 동년배의 여성이 안내를 해 주었다. 여성은 우유팩을 모아서 이를 조립해서 의자를 만들고 있었다. 다다미〔畳, たたみ. 일본식 주택의 바닥재 중 하나로, 너비 석 자에 길이 여섯 자 정도의 직사각형 돗자리 속에 짚을 4~5cm가량의 두께로 넣어 꿰맨 것—옮긴이〕가 깔려 있는 담화실에는 의자나 책상 등이 없다. '다다미에 앉을 때에 이러한 의자가 있으면 다리가 피곤해지지 않아서 좋아요'라고 그녀는 웃으면서 그 의자를 우리에게 권했다.

2 "우리들은 '불쌍한 사람'이 아닙니다"

우리들은 담화실에서, 현역 고등학교 교사이며 아이치愛知 봉사활동 센터장인 히사다 미쓰마사久田光政 씨와 가설주택의 리더인 아베 쿠니코阿部邦子 씨의 이야기를 들을 수 있었다. 아이치 봉사활동 센터란, 동일본대지진의 발생을 계기로 설립된 민간 봉사활동 단체로, 대표인 히사다 미쓰마사 씨를 시작으로, 스태프 전원이 직업을 가진 사람이다. 6월 이후에는 구구나리하마 사람들과의 관계를 돈독히 하기 위해 매 주말 이곳을 방문하고 있다.

아이치 봉사활동센터의 목적과 책무는 '이재민을 "응원"한다'는 것으로 히사다久田 씨는 이에 매우 강한 애착을 갖고 있었다. '지원'이 아닌 '응원'이라는 단어를 사용하는 것을 통해, 봉사단원과 이재민의 입장이 언제나 '대등'하면 좋겠다고 그는 말한다.

아베 쿠니코 씨는 작가이다. 아베 씨는 지진 발생 후, 구구나리하마의 피난소에서 주민이 복용하는 약의 보관 책임자를 시작으로, 봉사활동이나 매스미디어의 취재에의 대응 등을 처리하는 등, 리더 격의 역할을 맡고 있다. 웃는 얼굴이 멋진, 에너지 넘치는 여성이다.

이재민 측의 아베 씨도 마찬가지로 봉사활동 측의 히사다 씨와 같은 '상호존중의 입장'을 소중하게 생각하고 있다고 다음과 같이 말했다.

> 우리들은 결코 '불쌍한 사람들'이 아닙니다. 단지 지금은 '어려운 입장에 있는 사람들'입니다만, 이곳을 방문해 주는 아이치 봉사활동센터의 사람들은, 우리들과 대등한 입장이고 싶다고 생각하고 있습니다.

하지만 재해지역을 찾아 주는 모든 사람들과 좋은 관계를 구축하기는 어렵다. 아베 씨가 만나본 사람들 중에는 자기도 모르는 사이에 이재민을 불쾌하게 만드는 사람들도 있다고 한다.

3 '힘내라'는 사고가 정지된 의미 없는 말

'힘내라'는 사고가 정지된 의미 없는 말이다.

이것이 가장 인상적이었던, 아베 씨의 말이었다. 지진 직후부터 몇 번이고 들어 왔던 '힘내라'라는 격려의 말. 이러한 말은 '좋은 아침', '안녕'과 같은 인사말처럼 되어 버렸다고 한다. 인사라는 것은 그다지 생각하지 않고 말하는 단어이다. '사고가 정지된 의미 없는 말'이란 그러한 뜻에서 한 말이다. '힘내라, 힘내라!'라고 하지만, 이 이상 무엇을 더 힘을 내야 한단 말인가?

그렇다면, '힘내라'라는 말 대신에, 어떠한 단어를 써 주기를 원하는가라는 우리들의 질문에 대해, 아베 씨는 "예를 들어, 재해지역을 찾은 사람들은, '힘내라'가 아니라, '우리들이 힘내겠습니다'라고 말을 걸어 주었으면 합니다. 그와 같은 말을 통해 우리들은 힘을 얻습니다. 아니면 아무 말도 하지 말고, 그저 손을 잡아주는 것만으로도 충분합니다"라고 말했다.

4 취재자의 도덕성, 자질

취재를 온 기자나 리포터가 사용하는 말 중에, '재해지역에서 이제 가설주택으로 들어갈 수 있어서 안심하셨겠습니다. 다행입니다'라는 표현이 많다고 한다. 나는 이 말의 어디가 문제인지조차도 의식하지 못했다. 얼핏 들으면, 그저 평범한 격려의 말이라고 생각되지만, 이 말이 갖고 있는 의미는 예상 외로 복잡하다. 물론, 불편한 피난소에서 가설주택으로 들어갈 수 있다는 것만으로도 생활이 편리해졌고, 안심할 수 있을지도 모른다. 하지만 피난소에서 "조금만

더 힘을 내면 가설주택에 들어갈 수 있다"라고 하는 소망을 가지고 지낼 수 있지만, 일단, 가설주택에 들어가면, 싫든 좋든 간에 "이제부터 어떻게 살아야만 하는가?"라는 문제를 생각하지 않으면 안 된다. 그리고 그 의문에 대한 대답은 좀처럼 보이지 않는다. 가설주택이란, 어찌 보면 그들 소망의 종착점인 것이다. 이제 다음은 없다. 그렇기에 그들에게 있어 '다행이네요'라는 말에 납득을 할 수 없는 것이다.

이와 같이 기자들이 취재 중에 아무 생각 없이 내뱉는 한마디가, 취재를 하는 사람과 취재되는 사람 사이에 간극을 만들기 시작하고, 결국에는 신뢰관계를 무너뜨리게 되는 것이다. 기자는 결코 카운셀러가 아니다. 하지만 그 순간에 무언가 신뢰관계가 존재하지 않으면 취재라는 행위는 결코 성립되지 않는다.

아베 씨는 "신뢰관계는 이름을 부르는 방법 하나로도 변할 수 있습니다. 예를 들어, 나는 자기 소개에서 '구니짱邦ちゃん'(~짱(~ちゃん)은 친근한 사람 사이에서 부르는 ~씨, ~양, ~군과 같은 호칭—옮긴이)으로 불러달라고 부탁합니다. '아베阿部'라는 성은 마치 지붕과도 같아서 겉모습에 지나지 않으니까요. '구니짱'으로서 나를 제대로 보아 주는 기자에게는 진심으로 이야기하고 싶은 생각이 듭니다"고 말했다. 취재를 하는 사람이 세심하게 마음을 쓰지 않으면, 취재대상의 마음에 똑바로 파고들 수 없다는 점을 배울 수 있었다.

5 보도에 시선을 돌리다

또한 "신문이나 TV 등의 보도에 대하여 무엇을 기대하고 있습니까?"라고 묻자, 그녀는 이 구구나리하마와 같은 곳에도 관심을 가져 주었으면 좋겠다고 호소했다. 이번 지진은 피해범위가 광대하여 모든 재해 지역의 피해가 막대하고 범위 또한 넓었기 때문에, 모든 지역을 보도할 수는 없으며, 피해가 유독 큰 장소에 보도가 집중될 수밖에 없었다. 우리들이 지진 후 1개월간 조사했던 전국지에는 구구나리하마에 관한 기사는 한 건도 없었으며, 이는 구구나리하마의 주민들도 잘 알고 있는 사실이었다. 한편, 매일 기사에 실리고 TV의 특집을 통해 보도가 되고 있는 지역도 있었다. 이와 같은 '보도의 지역 차'가 발생하는 것은 어쩔 수 없는 일이었을까?

"취재에는 한계라는 것이 있다"는 견해가 일반적인 지금, 실제 재해지역을 방문해 보니, 피해를 입은 사람들의 생활은 그곳에 있었다. 취재에 한계가 있다고 포기해 버리는 것은 안 된다는 점을 절감하지 않을 수 없었다. 보도가 되는 것만으로 재해지역의 사람들의 인지도 및 관심도가 올라가고, 이는 곧 지원의 확대로 연결된다. 그리고 보도가 되지 않는 것을 "세상이 우리들에게 무관심하다"고 절망하는 이재민도 있을 수 있다.

지방자치단체에 의한 홍보와 미디어에 의한 보도의 영향력은 매우 강하다. 나는 이번 피해지의 방문을 통해, 신문학(넓은 의미로 저널리즘)을 연구하는 우리들에게 큰 과제가 던져졌음을 피부로 느낄 수 있었다.

6 다시 한 번 그 모래소리를

점심 시간이 되자, 담화실에는 가설주택의 사람들이 많이 모였다. 아이들도 있었다. 그날의 점심은 아이치 봉사활동센터의 단원분이 준비해 둔 볶음밥과 따뜻한 크림스튜였다. 레스토랑에 뒤지지 않을 만큼 맛있어서 깜짝 놀랐다. 피난소의 사람들은 준비된 식사와 더불어, 각자 자신들이 만든 음식과 채소 절임 등을 가져왔다. 모두 즐거워 보이는 모습이었다. 한 여자 아이가 아마도 유치원에서 배웠을 법한 율동을 시작하자, 어르신들이 이에 박수를 치면서 즐거운 분위기는 무르익었다.

여기서 우리들이 할 수 있는 것은 무엇인가?에 관해 다시 한 번 생각할 수 있었다. 그리운 구구나리하마의 아름다운 모래소리를 그들에게 다시 한 번 들려주고 싶다. 그리고 그들에게 진짜 웃는 얼굴이 돌아올 때까지 우리들이 할 수 있는 곳에서 그들을 전력으로 '응원'하고 싶다.

후기

이 책은 어떻게 만들어졌으며, 어떻게 읽혀야 하는가?

하나다 다쓰로花田達朗

신문학 연구실

와세다대학 교육학부에는 '신문학 연구실'이 있다. 사회과학에 속해 있는 연구실인데, 내가 그곳에서 교편을 잡게 되어 신문학 연구실을 담당하게 된 지 6년이 된다. 나의 전임자는 고 하야시 도시타카林利隆 씨였는데, 참고로 그는《전후 저널리즘의 사상과 행동》(일본평론사, 2006)이라는 책을 남겼다. 내가 교편을 잡고 난 지금, 이제 막 세미나 6기생이 졸업을 맞이하려 하고 있다.

본 연구실의 명칭에서 유추할 수 있듯이, 이곳에는 저널리스트 지망생이나 저널리즘에 관심이 있는 학생들이 들어온다. 나는 "매스 커뮤니케이션"라는 단어는 사용하지 않는다. 이유는 그 단어가 나타내는 개념과 실태와 의미를 긍정할 수 없기 때문이다. 나는 보통 연구실 구성원을 모집하는 설명회에서 '신문학'이란 신문을 연구하는 학문이 아니라, 저널리즘을 연구하는 학문이며, '매스커뮤니케이션'을 연구하는 것은 더더욱 아니라고 양해를 구한다.

그러나, 배웠던 것과 '취직'이 반드시 연결되는 것은 아니며, 학생들은 결국 '회사'를 선택하는 경우가 많다. '취업 활동'을 통해, 그들은 졸업 후의 진로를 결정해 간다. 그것이 일본의 전형적인 4월의 신입사원 일괄 채용방식인데, 나는 이 불가사의한 시스템의 폐해가 매우 크다고 생각한다. 일본에서 저널리즘과 관련된 일을 하고 싶다고 생각하는 학생은 대부분 우선 미디어 기업의 입사시험을 봐서 사원이 되는 것 외에 길은 없다. 그러한 와중에서도 연구실 1기 졸업생은 TV 아사히朝日나 고치高知 신문, 그리고 아사히朝日신문 등에서 일을 하고 있다. NHK에는 졸업생 중 다수가 근무하고 있으며, 또는 앞으로 입사할 예정이다. 이와 같은 미디어 기업 이외에는 IT나 네트워크 기업, 손해보험, 생활보험, 부동산이나 주택, 항공회사, 공무원, 출판사, 광고회사, 컨설턴트 등의 각양각색의 분야에서 활약하고 있으며, 이 중에는 바이올리니스트, 기념주화 판매상 그리고 극단 연출가 등도 있다.

얼핏 보면 잘 돌아가고 있다고도 보일지도 모르지만, 다양한 모순을 끌어안고, 그저 그때그때 닥쳐오는 일들을 임시방편적으로 처리해 나가고 있다고밖에 생각할 수 없다. 현재와 타협하면서도 그와 동시에 새로운 무언가를 시도하지 않으면 안 된다. 나는 눈앞의 학생들을 볼 때마다 그렇게 생각했다. 하지만 학생들과 주파수가 맞지 않는 경우도 있는데, 다시 말하면, 나 혼자 겉돌고 있는 것이다. 사회 및 시대의 상황이나 요청, 그리고 학생 및 부모의 의식이나 요구가 변화해 가고 있기 때문에, '대학 안에서 무엇을 할 수 있는가?', 그리고 또 '무엇을 할 수 없는가?', '무엇을 해야 하는가?', '무엇을 하지 말아야 하는가?'와 같은 문제들은 혼자서는 좀처럼 간단하게 해답을 찾을 수 없음에도 불구하고, 그저 의문만을 가진 채 신학기마다 매년 연구실 학생을 받아 왔다.

하지만 2010년 가을, 당시 2학년이었던 학생을 연구실 7기생으로 받아들였을 때, 분명하게 저널리스트를 지망하는 학생만을 골라 받아들였다. 그 결과, 평년의 60% 정도인 12명의 학생이 모였으며, 모두 남자였는데, 특히 지방 출신자가 많았다. 내가 와세다대학의 학생이었을 때는, 지방 출신 학생이 많았고 전국 곳곳에서 학생이 모여들었지만, 지금은 도쿄에 위치한 국립 및 사립을 모두 포함한 대학이, 도쿄에서 인접해 있는 지역의 학생이 그 다수를 이루고 있으며, 그 비율은 높아만 가고 있다. 즉, 수도권의 학생이 많다는 것이다. 그러한 가운데 신학기 연구실은 남녀 모두 지방 출신자가 비교적 많았는데, 의식적으로 지방을 중시하여 선발한 것이 금번 7기생들이었다.

3·11과 연구실 7기생

그 7기생들이 3학년이 되고, 4월부터 드디어 그들과의 연구실이 시작되는데 그것이 매년 그래 왔던 것이었다. 그렇지만, 3·11 동일본대지진은 예년의 스케줄을 바꿔 버렸다. 신학기 시작이 5월의 황금연휴가 끝날 무렵까지 연기되었다. 나 역시도 동일본대지진으로 인해 2시간 가까이 걸어서 집으로 돌아가야만 했던 그날 이후, 망연자실해 있었던 때로부터 정신을 차리고 보니 이미 열흘이나 지나 있었다. 그 사이에, 무언가를 하기는 했지만, TV 화면만을 멍하니 바라보기만 했었다. 열흘째가 되어야 겨우 정신을 차리고 TV를 껐다. 하지만 신문은 여전히 구석부터 구석까지 읽었다. 5월 11일, 첫 연구실 개강일에 모인 12명에게 나는 물었다. "3·11 동일본대지진이 일어났던 그때, 어디서 무엇을 했습니까. 그리고 그 후 오늘까지 무엇을 생각했습니까?"라고 물어보았다. 놀랐던 것은 이 두 질문에 대해 학생들은 봇물이 터진 것과 같이 맹렬히 말을 쏟아 놓았다. 한 사람 한 사람의 발언은 매우 길었고, 격렬했다. 이미 봉사활동을 위해 현장에 다녀온 학생들도 있었으며, 현장을 목격하기 위해 재해지역을 방문했던 학생들도 적지 않았다. 보통의 연구실 개강풍경과는 사뭇 다른 광경이었다. 다음 주의 연구실 일정은 예정되어 있었던 문헌강독을 통해 발표를 듣고, 논의를 했다. 하지만 무언가가 조금 달랐다. 이런 것을 하고 있을 때인가라는 생각이 미치자 나는 방침을 전환했다. 여느 때와 다른 봄이었기에, 여느 때와 다른 것을 하지 않으면 안 된다. 3·11에 관한 프로젝트를 하자. 보통의 경우, 3학년 후반에 실시할 필드워크를 다소 앞당겨서 1년간의 프로젝트를 하자. 세미나 참가자 전원이 무언가를 함께하는 것을 통해, 이런 붕 뜬 것과 같은 의식 상태에서 벗어날 수 있을 것이라고 생각했다. 이와 같은 경위로 〈하나다 연구실, 동일본대지진 신문지면 조사 프로젝트〉가 시작된 것이다.

자료는 아사히신문에 대한 조사로부터 시작되었다. 당시 도쿄본사 특별보도 센터장이었던 요리미쓰 다카아키依光隆明 씨(4월부터 편집위원)가 3월 11일부터 1개월분의 도쿄판 6개 신문을 나의 연구실로 옮겨다 주셨다. 1개월만을 대상으로 한 것은, 3·11 후의

'초동 대처'야말로 일본의 저널리즘의 성격이나 성질, 습관이나 생리, 약점이나 한계가 나타나지 않을까라고 생각했기 때문이다. 나는 이 프로젝트를 개시한 후, 연구실에 작업용 책상을 들여놓았다. 세미나 학생들은 밤낮이고 자유롭게 출입하며 의론을 주고받고, 신문 지면과 싸우는 나날이 시작되었다. 기본은 지금까지 실시해 왔던 필드워크와 크게 다르지 않다. 단지 규모가 크고, 세미나 전원이 하나의 그룹이 되었을 뿐이다. 내가 세미나 학생에게 낸 과제 혹은 계획은 다음과 같다.

① 단순 감상이 아닌 데이터와 사실에 기반한 성과물을 낼 것.
② 자기 자신의 손으로 데이터를 만들어 낼 것. 그것을 기반으로 분석을 할 것.
③ 목표를 수립한 단계에서 재해지역을 전원이 방문하여, 현장의 이야기를 들을 것. 그리고 그것을 성과물에 반영시킬 것.
④ 전국지의 편집책임자를 방문하여, 자신들의 데이터를 근거로 의문점을 질문할 것. 그리고 이를 성과물에 반영시킬 것.
⑤ 성과물을 완성시켜 공표할 것.

그렇다면 무엇이 문제인가라고 하는 의문에서 출발하여, 무엇을 해명하기 위하여, 어떠한 데이터를 만들 필요가 있는가와 같은 논의가 시작되었다. 나는 그들을 스스로 할 수 있도록 내버려 두었다. 아주 가끔씩 의견을 말하고, 충고를 했다. 점점 문제의식이 형성되었다. 어떠한 데이터가 필요한가도 보이기 시작하였다. 그 단계에서 기사의 분류 카테고리마다 지면의 면적을 내기 위하여, 또한 기사 정보원의 계량화를 측정하기 위하여, 모든 지면 조사를 실시했다. 면적반과 소스 카운트 반으로 나누어서, 인해전술을 통한 계측작업과 데이터 입력이 시작되었다. 면적계측을 위해서 직접 자도 만들었다. 이렇게 작업을 진행하다 인력과 처리 시간의 한계로 인해 전국지 중 아사히신문, 마이니치신문, 요미우리신문의 3개 신문만의 조·석간을 대상으로 범위를 좁혔다. 지금에서 말하지만, 도쿄東京신문을 넣지 못한 것이 유감일 따름이다.

또한 가호쿠신보河北新報를 조사대상으로 하기 위하여, 센다이대학仙台大学의 부교수인 린 이센林怡蕿 씨에게 협조를 의뢰하여, 프로젝트에 참가를 요청했다. 그녀는 올림픽 보도 등의 지면분석에 대한 경험이 있어, 조사법을 결정하는 사전협의에도 참석해 주셨다. 이렇게 해서 조사대상은 4개 신문이 되었다. 6월에 조사 방침을 검토하고, 7월에 데이터베이스의 작성 작업에 착수하여, 그것이 어느 정도 완성되었을 때는 10월 말이었다. 약 4개월이 소비되었지만 〈하나다 연구실 동일본대지진 신문지면 조사 프로젝트 데이터〉라는 독자적인 자산을 손에 넣을 수 있게 되었으며, 이후 이를 통해 데이터의 분석이나 그래프화를 실행할 수 있게 되었다.

마침 프로젝트가 시작되었을 무렵, 와세다대학 출판부 이사·편집담당인 이토 스스무伊東晋 씨로부터 소책자 시리즈 간행에 대한 계획을 들을 수 있었다. 나는 망설이지 않고, 이 세미나 프로젝트의 성과를 그 계획의 한 권으로 제안하였다. 학생이 직접 집필하게 하는 것은 모험이라고 생각되었지만, 이토 씨는 큰 흥미와 따뜻한 관심을 보여 주셨다. 성과물을 공표한다는 목표는 프로젝트의 원고를 쓰는 것으로 바뀌었다.

데이터베이스 작성 도중에 10월 21일(금)~23일(일)의 3일간, 피해지 방문 합숙을 실시했다. 출발 전에 현지의 상황을 머릿속에 넣을 수 있도록 연구회를 실시하는 것을 통해, 29쪽 분량의 〈현지방문 안내서〉를 만들었다. 대부분의 학생은 20일에 심야 버스로 도쿄를 출발하여 21일 이른 아침에 센다이에 도착해 조사를 수행했으며, 이 후 23일에 심야버스로 센다이를 출발하여 24일 이른 아침에 다시 도쿄에 도착하여, 모두 수업과, 아르바이트 등 각자의 일정을 위해 해산했다. 3일간 충실한 방문 스케줄을 작성해 주시고, 또한 학생에게 희망도 불어넣어 주셨던 분은 니시카와 요시히사西川善久 씨(가호쿠신보사 상무, 산리쿠가호쿠신보사 사장)였다. 게다가 미니버스로 이동했던 전 기간 중, 우리들과 동행하여 설명을 해 주셨다. 또한 세미나 8기생이 된 당시의 2학년생 여학생 1명이 그때부터 프로젝트에 참가하였다.

이 3일간은 참가한 모든 사람에게서 머리와 가슴 모두에게 큰 충격을 주는 사건과 경험의 연속이었다. 사건 현장을 자신의 눈으로 보고, 그 공기를 마시고, 당사자를 직접 만나, 그 목소리에 귀를 기울이며 자신에게 질문을 했다. 한 번에 수많은 사람의 목숨이 사라지고, 지금도 행방불명자의 유해가 묻혀 있을 것이다. 그 대지 위, 가설공사 도로 위를 미니버스를 타고 이동했다. 마치 묘비 속을 지나가는 듯한 감각. 대학의 연구실에서 의논할 때 생각했던 것과 너무나도 동떨어져 있었으며, 그 당시의 모든 말들이 위선처럼 느껴졌다. 머리와 가슴을 둘러싸고 있던 껍질이 차례로 벗겨지는 듯한 감각이었다.

방문했던 곳을 간단하게 정리하면 다음과 같다.

첫째 날은 센다이 역에서 히가시 마쓰시마 시의 피해지를 견학하고, 이시마키 시로 향하여, 산리쿠가호쿠신보의 기자들과 간담회를 가졌다. 피해당시의 생생한 비디오도 시청할 수 있었다. 쓰나미가 덮쳤던 고지대의 오나카와초리쓰女川町立 병원의 주차장에서 중심부의 피해상황을 보고 시립 오카와초등학교로 이동했다. 아동의 유족들이 세운 제단 앞에서 참가자 전원이 함께 묵념했다. 그리고 그 후 그 지방 기업의 기숙사를 방문하여, 종업원들의 이야기를 듣고, 해질 녘에 미나미산리쿠초 임시 주민센터에서 대표와 이야기를 나눴는데, 조립식 가설청사에는 밤늦게까지 불이 밝혀져 있었다.

둘째 날은 이시마키 시에서 오시카반도로 이동했다. 오시카반도의 아이카와鮎川로부터 건너편의 안개가 낀 긴카산金華山을 바라보았다. 파도로 인해 이 정도로 넓은 거리의 해협의 바닥이 보였다고 하니 쓰나미의 위력을 실감하지 않을 수 없었다. 구구나리하마十八成浜에서는 가설주택을 방문하여, 리더나 피난 주민, 봉사활동단원 분들과 배급되는 점심 식사를 함께 먹고, 간담회를 가졌다. 또한 고부치하마小渕浜에서 전 미야기현宮城県 어업협동조합 조합장과 만나 행정업무에 관한 이야기를 들었다. 그리고 도호쿠전력 오나가와女川 원자력발전소 구내에 엄격한 보안체크를 받고 들어가, 시설을 견학하고, 소장과 간담회를 가졌다. 그때에도 큰 땅울림이 있었는데, 역시 지진이었다. 이는 지반의 암석에 맞닿아 있는 말뚝이 진동하며 나는 소리라는 것을 알았다.

셋째 날은 센다이 시에서 미나미소마 시南相馬市를 방문하고, 출입금지구역의 입구에까지 갔다. 그곳에서 편의점 직원, 장을 보러 나온 근처의 주민, 그리고 입구를 경비하는 오사카부大阪府 소속 경찰관의 이야기도 들었다. 소마 시相馬市에서 환경 NPO 대표와 이야기를 나눴으며, 후쿠시마 시에서 가호쿠신보 후쿠시마 총국장 등과도 장시간의 대담을 가졌다.

피해지 방문에서 돌아와서, 학생들은 원고를 쓰기 시작했다. 또한 아사히신문, 마이니치신문, 요미우리신문의 편집국장에게 편지를 쓰고, 프로젝트의 데이터에 기반한 여러 가지 의문에 관하여 묻는 면담을 직접 의뢰했다. 마이니치신문에게는 거절당한 모양이지만, 아사히, 요미우리 양사의 책임 있는 입장을 가진 분들이 학생들을 맞이하여 주셨다. 이와 관련된 인터뷰는 해당 각 장에 자세히 실려 있다.

'지방과 중앙'의 구조

이 책의 제목인, "신문은 대지진을 바르게 전달했는가"에 대해 여러 장에서 기술하고 있지만, 이들 논의에 공통되는 점이 있다고 한다면 '지방과 중앙'이라고 하는 구조라고 할 수 있겠다. 가장 근저에는 그와 같은 문제의식이 있다고 생각된다. 그것은 어쩌면, 지방 출신 학생이 많기 때문일지도 모른다. 고교 시절까지 즉, 도쿄에 오기까지 그들은 주고쿠中國신문, 주니치中日신문, 홋카이도北海道신문, 미노마이니치信農朝日신문, 오이타고도大分合同신문 등, 여러 가지 지방지의 독자였다. 때문에 지진보도의 검증 시 전국지와 지방지를 비교하고, 거기서 분명한 차이를 발견할 수 있었고, 지방지에 손을 들어주고자 하는 경향이 생겨난 것일지도 모른다. 아니면 지방 출신자들의 시선과는 관계없이 이번 지진보도에서 전국지의 약점이 객관적으로 나타났다고 보아야 하는 것일까?

어쨌거나, 여기서 '지방과 중앙'의 문제, 그리고 '고향'이라는 것은 무엇인가에 대하여 짚어보고 싶다. 일본의 신문시장은 일본 특유의 구조를 가지고 있다. 그로 인해 전국지, 블록신문, 지방지, 지역신문 등과 같은 분류가 생겨난다. 지방지를 방문해 보니, 전국지가 재경在京신문이라고 불리거나, 도쿄東京신문이라고 불린다는 것을 알았다. 확실히 전국지는 '전국'에서 판매되고는 있지만, 그 대부분은 도쿄권과 오사카권에서 판매되고 있기 때문에, 다수의 지방에서는 '고향'의 지방지가 우세를 보이고 있다. 지방지가 압도적으로 우세한 현県도 다수 있으나, 전국지는 이들 각 지방에 분산된 판매부수를 양대 도시권의 대량 판매부수와 합산하여, 이를 통해 세계에서 유래를 찾아볼 수 없는 거대한 발행부수를 뽐내고 있는 것이다. 일본의 전국지라고 불리는 신문의 독특한 점이 바로 전국지 혹은 도쿄 신문이라는 단어가 존재한다는 데 있다.

이번 대지진보도에서도 3·11 대지진 이후, 전국지 각 신문은 도쿄에서 수십 명의 기자를 '현지'에 파견했다. 취재 내용은 이후 기사가 되고, 그들 기자들은 다시 도쿄로 돌아온다. 재해지역은 전국지에 '고향'이 아니었던 것이다.

나는 문득 생각했다. 만약 재해지역이 도쿄였다면, 전국지는 이번과 같은 보도를 했을까? 전국지는 도쿄를 '고향'으로 하는 신문으로서 어떤 보도를 했을까. 전국지의 기자들은 '고향의 신문기자'로서 이번 가호쿠신보나 산리쿠가호쿠신보의 기자들처럼 보도를 할 수 있었을까. 아마도 전국지 기자는 이번 미야기나 후쿠시마 현에 파견된 것처럼, 도쿄이라는 '현지'에 파견되는 것은 아닐까 한다. 즉 전국지는 '고향'이라는 것을 가지는 것이 아니며, 도쿄도라는 장소는 '고향'이 아니라고 할 수 있을 것이다. 전국지라는 것은 '중앙과 지방'의 구조 속에서 '중앙지'이기 때문이다.

그 '중앙'이라는 것은 무엇인가. '중앙과 지방'의 구조는, 바꿔 말하면 '중앙과 비중앙'이며, '비지방과 지방'이다. 중앙이라는 것은 지방이 아닌 장소이며, 지방은 중앙이 아닌 장소이다. 그 '중앙'은 장소적으로는 도쿄도라기보다는 치요다구千代田区에 집중되어 있다. 그곳에는 나가타초永田町와 가스미가세키霞ヶ関, 그리고 고쿄皇居〔나가타초는 정치의 중심지. 가스미가세키는 관료의 중심지. 그리고 고쿄는 천황의 거처—옮긴이〕가 있다. 이 '중앙'이라는 것은 그 말 안에 주체성이 가득 차 있는 것 같으나 실상 그렇지도 않다. 익명성 높은, 자기 자신의 발판을 가지지 않고, 책임주체가 분명하시 않은, 말하자면 공동화 현상과도 같이 중심이 비어 있는 것이다. 손에 잡히는 형체가 없다. 즉, 당사자가 되지 않는 것이다. 형제가 없다는 이유는 거기에 있다. 대지진과 후쿠시마 제1원자력발전소의 멜트다운의 대응을 통해서도 그것이 다시 한 번 증명된다. 그곳에는 정부도, 의회도, 재판소도, 정치가도, 관료도, 재판관도, 검사도, 마을 공동체 문화 속에서 호흡하고 있다. 그들이 호흡하고 있는 것은 자유도, 책임도 아닌, 습관과 가족의식이다. 습관과 가족의식을 통해 무책임과 현상추종만을 토해 내고 있을 뿐이다. 그 무책임과 현상추종이 비중앙, 즉 지방을 심각한 모순과 위기로 빠뜨리고 있는 것이다.

이러한 '중앙'의 어디에 '현장'이 있고, '고향'이 존재할 수 있는가. 현재는 비중앙만이 현장을 의미한다. 이런 의미에서 현장과 '고향'을 갖지 못하는 전국지는 불행하다고 해도 좋다. 이번의 대지진은 우연히 지방에서 일어났고, 원자력발전소 사고는 지방에서만 일어날 수밖에 없었다. 도호쿠의 비중앙 신문에게는, '고향'이 '현장'이 되었다. '고향'과 현장이 겹쳐 버린 것이다.

여기서 중요한 것을 깨달을 수 있었다. 지방지는 지방지로서 '당사자에 다가가는 것'을 열심히 하였는가. 지방지 기자이기 때문에 그들 지방의 현장에서 고민하고 고투했는가. 아마도 이것은 아닐 것이다. 지방지는 지방지이기 이전에 신문이다. 지방지 기자는 지방지 기자이기 전에 신문기자이다. 그들은 그렇게 생각하고 있다. 나는 그것을 산리쿠가호쿠신보의 기자의 말을 들으면서 처음으로 알 수 있었다.

그들은 당사자이다. 신문기자라는 당사자, 즉 '당사자 신문기자'이다. 그 당사자로서 처음으로 이재민이라는 또 다른 '당사자에게 다가간다'라는 것이 가능하게 된 것이다. 현장과 본 고향을 가지고, 신문의 사명인 당사자이기 때문이기에 이재민, 즉 타자에게 다가

가는 것이 가능하다. 즉 당사자끼리라는 관계를 만드는 것이 가능하다.

그렇다면 전국지는 전국지가 아니라, 단순한 신문인 것인가. 전국지 기자는 단순한 신문기자인 것인가. 그러한 것인가. '전국지'라는 수식어를 떼지 못하고 의식적으로 전국지 기자가 곧 중앙지 기자라고 여기는 사람이 많았던 것은 아닐까? 그리고 그러한 사람들은 당사자가 될 수 있는 것일까. 아니, 될 수 없는 것이 아니라 되지 않는 것일까. 가령 도쿄도에 대지진이 발생했다고 쳐도 그것을 '고향'의 사건으로서 보도하는 신문기자가 얼마나 될까. 3·11 동일본 대지진 이후 도쿄에 있으면서 신문을 계속 읽었던 나로서는 이를 낙관적으로 볼 수가 없다.

만약 전국지가 중앙지로서 중앙지다워지려면, 그것은 그것으로 충분히 하나의 방법일 것이다. 하지만 그때는 가운데가 텅 빈 '중앙'을 '현장'으로 하기 위한 새로운 방법의식을 만들어내지 않으면 안 된다. 그것이 없으면 중앙이 텅 빈 곳의 '중앙지'가 될 수밖에 없다. 그 방법의식은 새로 만들어 내지 않으면 안 되는 것이지만 이러한 의식이 있고 나서야 비로소 중앙이 텅 빈 곳의 '중앙'을 '현장'으로 삼는 당사자의 신문이 된다. 후쿠시마 제1원자력발전소 사고의 취재, 보도, 논평에서는 이러한 것이야말로 문제시된다고 생각한다.

읽는 사람, 읽혀지는 사람

이 책은 제2장을 제외하고, 모두 연구실의 학생들이 쓴 것이다. 저널리즘에 관심이 있거나, 장래 저널리스트가 되고 싶은 학생들이

기는 하지만 어디까지나 20세를 갓 넘긴 젊은이들의 시점에서 쓰인 것이다. 저널리즘 현장에서 일을 하고 있는 사람들, 혹은 거기에서 책임이 있는 사람들이 대지진을 경험하고 쓴 것이 아니다. 따라서 그러한 현장의 프로인 사람들의 의식과는 간극이 있을 것이며, 시점이나 시야에 한계도 있을 것이다. 그것은 이들이 서 있는 장소가 다르기 때문에 어쩔 수 없다고 말할 수 있다. 사실에 틀린 것이 있는 것은 용서할 수 없겠지만 지금의 젊은이들이 대지진을 어떻게 받아들이는가를, 신문보도를 사례로 해서 대지진의 귀결을 스스로의 손과 눈으로 확인하고, 의논하여 결과를 낸 것이다. 거기에는 한계와 함께 가능성도 있다고 생각한다. 현 상태를 대상화하여 검증하고, 비판적인 시점에서 분석을 해 가면서, 현 상태와는 다른 별개의 것을 미래에 추구해 나간다. 그것 자체가 바로 무엇인가를 시사하고 있다는 것이다. 이 시점에서 사고의 성과물을 이러한 형태로 정리함으로써 그들이 얻은 것이 쓰는 것을 통하여 자신을 확인하는 하나의 방법을 습득할 수 있었다는 것이며, 이를 스스로 의미로 삼을 수 있다면, 이는 나에게 더할 나위 없는 기쁨이 될 것이다.

감사의 말

이 책의 출간은 특히 다음의 네 분의 협력 없이는 있을 수 없었다.

아사히신문의 요리미쓰 다카아키依光隆明 씨는 초기에는 신문자료를 제공해 주셨고 또한 초기의 문제의식에 대하여, 세미나 학생들과 의견교환을 해 주셨다. 마지막에는 원고를 읽고 조언도 해 주셨다.

재해지역의 대학인 센다이대학의 린 이센林怡蕿 씨는, 여러 가지 어려움 속에서도 세미나 학생들과 의논하며 조사방법을 검토해 주시는 등 외부에서 프로젝트에 참가해 주셨고 또한 제2장도 써 주셨다.

가호쿠신보의 니시카와 요시히사西川善久 씨는 세미나 참여 학생의 재해지역 방문을 전면적으로 지원해 주셨다. 현지에서의 설명을 들으면서, 학생을 동등한 성인으로 대해 주셨고, 진지한 말로 상세히 설명을 해 주시는 모습에 나는 저절로 머리가 숙여졌다. 마지막에는 원고를 읽고 조언을 해 주셨다.

와세다대학 출판부의 이토 스스무伊東晋 씨는 발간하는 책에 대한 엄격함과 학생에 대한 따뜻한 마음을 겸비하고 학생에게 충고와 원고에의 조언을 해 주셨다. 소책자 1권을 학생에게 쓰게 허락해 준 이토 스스무 씨의 영단이 있었기에 비로소 이 책이 나올 수 있었다.

이와 같은 분들의 덕분에 지금, 이 책은 간행되려고 하고 있다. 모두에게 마음으로부터 감사의 말씀을 드린다.

그 외에, 피해지 방문에서 신세를 진 모든 분들, 오시카반도 구구나리하마의 가설 주택 리더이신 아베 구니코阿部邦子 씨, 그리고 모든 입주자 분들, 구보 미쓰마사久保光政 씨를 시작으로 아이치 봉사활동 센터의 모든 분들, 소마 시相馬市의 NPO '후타로フー太郎의 숲 기금'의 이사장이신 니즈마 가오리新妻香織 씨, 미야기현 어업협동조합 조합장이신 기무라 미노루木村稔 씨, 미야기현 미나미산리쿠南三陸 대표 사토 진佐藤仁 씨, (주)구마다니산업熊谷産業 경리 담당

이신 미우라 아케미三浦あけみ 씨, 가호쿠신보사 후쿠시마 총국장이신 하야카와 도시야早川俊哉 씨, 산리쿠가호쿠신보사 편집국장이신 아사쿠라 유토朝倉裕人 씨, 동사 편집부차창·기자이신 사토 노리오佐藤紀生 씨, 도호쿠東北전력 오나가와女川 원자력발전소 소장이신 와타나베 가오渡辺孝男 씨, 동사 화력원자력 본부장이신 미쓰하루斉藤光晴 씨에게 감사의 말씀을 올린다.

또한 학생 인터뷰에 흔쾌히 응해 주셨던 아사히신문 도쿄 본사 사업본부장 겸 편집국장이신 미우라 노부유키杉浦信之 씨, 요미우리신문 도쿄 본사 편집국장이신 아사미 다모쓰浅海保 씨께도 감사의 말씀을 올린다.

이 책의 내용에 대해서는 각 장의 집필자와 내가 그 책임을 진다. 이 책이 세간에 출판되어 무언가 반향이 있을 수 있기를 기대하고 싶다. 특히 동 세대의 젊은이들이 읽었으면 좋겠다고 기원한다.

(2012년 3월 30일)

〈지진재해 이후를 생각하다〉 시리즈 간행에 부치는 와세다대학 출판부의 발간사

2011년 3월 11일 발생한 동일본대지진은 거대 지진과 쓰나미에 원전사고가 복합적으로 작용하여 인간의 상상을 초월하는 피해를 초래하였으며 그 충격은 전 세계를 경악시켰습니다. 이번 재해는 사람들의 사고방식과 행동 그리고 전제가 되는 제도에 대해 되묻는 계기가 되었고, 개인·조직·사회의 모든 면에 걸친 새로운 연구와 지식창조를 요구하는 사건이기도 하였습니다.

이러한 상황 아래, 일본을 대표하는 지적 공동체인 와세다대학에서는 지체 없이 부흥지원을 위한 여러 가지 행동을 취하였고, 동일본대지진 부흥연구 거점을 설립하였습니다. 또한 자원봉사자 파견을 비롯하여 재해 관련 연구와 이를 지원하기 위한 프로젝트를 활발히 전개해 나갔습니다.

와세다대학 출판부는 지식의 창조·보급·보존이라는 대학의 사명을 실현하기 위해 힘을 보태고자, 새로운 시리즈로서 와세다대학 Booklet 〈지진재해 이후를 생각하다〉의 간행에 착수하였습니다. 이 기획은 대진재의 참극을 딛고 일어서야 할 이재민들의 생활과 그들을 지원하는 활동, 그리고 이를 지지하는 연구 속에서 새로운 지식의 탄생을 모색하여, 그것을 관찰→분석→설명→행동…의 모든 단계에서 가능한 한 실시간으로 널리 사회에 제공하고자 하는 것입니다.

지식창조에는 완성이라는 것이 없고 늘 다음 단계의 과제를 향하게 마련입니다. 그런 까닭에 이 시리즈는 잡지의 기동성과 서적의 체계성을 겸비한 경쾌한 소책자 형태를 선택하였습니다. 또, 전문가와 실무자·시민·학생 등 각 계층이 읽기 쉽도록 편집하였고, 아울러 와세다대학이 포함하는 광대한 분야에 걸맞게 여러 가지 영역의 연구·지원 활동의 성과가 수록되었습니다. 후일 재해 극복과 부흥의 이야기들이 기쁨으로 회자될 때, 우리는 이러한 업적이 축적되어 크나큰 지식으로 가득 찬 백과사전으로서 많은 사람들에게 읽히기를 기대합니다.

부디 이 프로젝트에 독자로서, 그리고 저자로서, 참가해 주시기를 부탁드립니다.

2011년 11월
와세다대학 출판부

■ 하나다 다쓰로花田達朗

와세다대학 교육·종합과학학술원 교수. 저널리즘 교육연구소 소장. 오픈 교육센터·전학 공통부전공·저널리즘/미디어 문화 코스를 운영. 와세다대학을 졸업 후, 뮌헨대학 대학원 졸업. 도쿄대학 교수를 역임하고, 2006년부터 와세다대학 재직.

■ 하나다花田 연구실

와세다대학 교육학부 사회과 사회학과전공의 연구실로, 정식 과목 명칭은 '신문학'. 2007년 3월에 1기생이 졸업한 것을 시작으로, 2012년 5월 현재 현역 3학년생을 8기로 맞이하고 있다.

■ 린 이센林怡蓤

센다이대학 스포츠 정보 매스미디어학과 부교수. 도쿄대학 대학원 인문사회계연구과 박사과정 졸업.

김유영

고려대학교 일어일문과와 동 대학원을 졸업하고 오사카대학에서 박사학위 취득. 미야 노리코, 《조선이 그린 세계지도》(2010)로 '판우번역상' 대상 수상. 고려대학교 언어정보연구소 연구교수 역임, 현재 동덕여대 일본어과 조교수로 재직.

동일본대지진과 핵재난—와세다 리포트 9

신문은 대지진을 바르게 전달했는가

초판발행 1쇄 2013년 3월 11일

편저자 하나다 다쓰로 / 하나다 연구실

옮긴이 김유영

펴낸곳 고려대학교출판부

www.kupress.com

kupress@korea.ac.kr

136-701 서울특별시 성북구 안암로 145

02-3290-4230, 4232

Fax 923-6311

찍은곳 내일기획

ISBN 978-89-7641-809-8 04330

ISBN 978-89-7641-800-5 (세트)

값 9,000원

* 잘못 만들어진 책은 바꿔드립니다.